AF561060

POULTIER (JEAN-BAPTISTE)

SCULPTEUR PICARD

1653-1719

PAR

M. ÉMILE DELIGNIÈRES

PRÉSIDENT DE LA SOCIÉTÉ D'ÉMULATION D'ABBEVILLE
MEMBRE NON RÉSIDANT DU COMITÉ DES SOCIÉTÉS DES BEAUX-ARTS
DES DÉPARTEMENTS

PARIS
TYPOGRAPHIE DE E. PLON, NOURRIT ET Cie
RUE GARANCIÈRE, 8

1897

Ln27 45342

Ce mémoire a été lu à la réunion des Sociétés des Beaux-Arts des départements, à l'École des Beaux-Arts, dans la séance du 22 *avril* 1897.

POULTIER (JEAN-BAPTISTE)

SCULPTEUR PICARD

1653-1719

BIBLIOTHÈQUE NATIONALE
R.F.
IMPRIMÉS

PAR

M. EMILE DELIGNIÈRES

PRÉSIDENT DE LA SOCIÉTÉ D'ÉMULATION D'ABBEVILLE
MEMBRE NON RÉSIDANT DU COMITÉ DES SOCIÉTÉS DES BEAUX-ARTS
DES DÉPARTEMENTS

DÉPOT LÉGAL
Seine
1898

PARIS
TYPOGRAPHIE DE E. PLON, NOURRIT ET Cie
RUE GARANCIÈRE, 8

1897

POULTIER (JEAN-BAPTISTE)

SCULPTEUR PICARD

1653-1719

Si la ville d'Abbeville peut s'honorer d'avoir été le berceau de graveurs nombreux et, pour quelques-uns, d'un mérite reconnu, elle a à revendiquer aussi d'autres artistes, tels que des peintres, des musiciens, des sculpteurs, nés soit dans son enceinte, soit dans ses environs.

Parmi ces derniers, on ne saurait oublier ceux qui, appelés au quinzième et au seizième siècle huchiers ou entailleurs d'images et dont les noms de quelques-uns ont été sauvés de l'oubli, ont orné de leurs ouvrages en pierre et surtout en bois les façades des maisons, notamment dans les rues étroites de la Poissonnerie, de la Boucherie et ailleurs; quelques-unes de ces façades en ont conservé de nos jours encore des spécimens naïfs et intéressants. On trouve également des bois sculptés, en grand nombre, dans plusieurs églises de village dans le Vimeu [1]. Ce sont aussi ces sculpteurs du moyen âge qui ont décoré d'une manière si remarquable, par de nombreux ornements délicatement fouillés et par des statues magistrales, le beau portail et les portes de l'église de Saint-Vulfran.

Au dix-septième siècle, en dehors des *Caron*, dont nous avons parlé à la dernière session, et d'autres que nous nous réservons d'étudier avec ceux des siècles précédents et des dix-huitième et dix-neuvième siècles dans un travail plus général sur la sculpture à Abbeville, nous trouvons notamment deux artistes de talent, *Thibaut Poissant* et *Jean-Baptiste Poultier*, qui furent tous deux

[1] M. Henri Macqueron, secrétaire de la Société d'émulation d'Abbeville, les a relevés, pour la plupart, dans une étude qui a paru dans le volume du Congrès tenu à Abbeville, en 1893, par la Société française d'archéologie.

membres de l'Académie royale de peinture et de sculpture et dont les œuvres méritaient d'être indiquées ou rappelées.

Ces deux sculpteurs ne sont pas nés à Abbeville, mais dans ses environs : l'un, *Poissant*, à Estrées-lez-Crécy, 1605-1668 ; l'autre, *Poultier*, à Huppy, 1653-1719 ; ces deux villages dépendaient, le premier, de l'ancien comté du Ponthieu, dont Abbeville était la capitale, l'autre du Vimeu, à proximité de la même ville ; tous deux font aujourd'hui partie de l'arrondissement d'Abbeville. Nous pouvons donc, dans une certaine mesure, revendiquer comme nôtres les artistes qui y sont nés.

Thibaut Poissant a fait l'objet d'une monographie substantielle et ornée de dessins [1] publiée par notre collègue et parent Mᵉ Henri Macqueron, dans les *Bulletins de la Société d'émulation d'Abbeville*, année 1893, nᵒˢ 1 et 2 ; nous n'y reviendrons pas. Disons seulement, après l'auteur, que Poissant a eu l'honneur d'être l'ami du Poussin et le collaborateur des frères Anguier ; ses œuvres, relevées par M. Macqueron, sont importantes. Il a notamment travaillé dans une large mesure, avec François Anguier et Regnaudin, au tombeau du duc de Montmorency à Moulins, et il a pris une grande part aux sculptures de l'hôtel Carnavalet.

Poultier est venu plus de cinquante ans après Poissant ; si son nom, si les particularités de sa vie sont moins connus peut-être, si quelques-unes de ses œuvres ont malheureusement disparu, la plupart, en partie fort belles, restent en grand nombre, et elles permettent de le faire figurer, non sans honneur, parmi nos sculpteurs français de la fin du dix-septième siècle, et de lui faire prendre une large place dans notre longue série des artistes picards.

Poultier a laissé des marques de son talent de sculpteur un peu partout : au parc et à la chapelle de Versailles, à Trianon, à Fontainebleau, à Paris sur la place Vendôme et dans quatre monuments religieux, Saint-Nicolas du Chardonnet, Notre-Dame, la chapelle des Invalides et Notre-Dame des Victoires ; puis à la cathédrale d'Amiens, et même, comme nous le verrons, dans l'église d'Huppy,

[1] Ces dessins sont dus au père de l'auteur, M. Oswald Macqueron, qui possède dans sa belle collection locale une quantité considérable de vues, etc., en dessins, aquarelles, lavis, presque toutes faites par lui-même, comme aussi de gravures, de cartes, etc., sur la ville, l'arrondissement, le département de la Somme et même au delà.

son village natal. Ainsi que nous le dit M. Jal dans son *Dictionnaire critique de biographie et d'histoire*, « ce ne devait pas être un homme d'un talent trop mince que celui à qui Charles le Brun, le grand peintre de Louis XIV, qui n'avait qu'à choisir parmi les nombreux sculpteurs de l'époque quand il s'agissait de décorer son église de prédilection, Saint-Nicolas du Chardonnet, confia l'exécution, en ronde bosse, d'un crucifix et des statues en bois de la Vierge et de saint Jean, d'après trois de ses dessins qu'il estimait sans doute assez ». Ces deux dernières statues le firent recevoir membre de l'Académie; il n'avait alors que trente et un ans. Ce fait, dirons-nous après M. Jal, paraît suffire à l'éloge de Poultier.

D'autre part, M. Auguste Janvier, notre excellent et vénéré collègue de la Société des Antiquaires de Picardie et de la Société d'Emulation d'Abbeville, en dépouillant, en 1892, les *Comptes des bâtiments du Roi* publiés par M. Guiffrey, et en constatant sur les tables les noms de maints et maints Picards, y a relevé celui du sculpteur Poultier, « trop peu connu, dit-il, et sur le compte duquel les biographes ont commis d'impardonnables erreurs ». Nous aurons à en constater plusieurs.

Il nous a donc paru intéressant de le tirer de l'oubli et, à l'aide de nombreux documents et d'extraits d'ouvrages, sans oublier l'étude sur place de plusieurs de ses sculptures, de reconstituer, autant que possible, son œuvre, et de l'apprécier.

Nous avons dit que Poultier était né, en 1653, à Huppy; c'est plutôt, d'après les biographes, à Poultières, hameau près d'Huppy, à trois lieues et demie d'Abbeville. On l'a désigné parfois sous le nom de Poulletier, et aussi de Poulthier, et encore de Peauletier (Dom Grenier), mais son véritable nom était Poultier (Jean-Baptiste). Malgré de nombreuses recherches faites tant à Huppy qu'au greffe du tribunal civil d'Abbeville[1],

[1] Par une véritable fatalité, les actes de baptême et autres ne remontent qu'en 1668. En compulsant plusieurs de ces registres ou cahiers, nous voyons figurer, soit comme ayant fait l'objet des actes, soit comme simples témoins, un certain nombre de personnes du nom de Poultier; cette famille, ainsi que me l'écrivait M. l'abbé Latouche, curé d'Huppy, est encore largement représentée de nos jours dans le pays, et elle y est très considérée; deux de ses membres, M. Poultier, prêtre, et un François Poultier, ont laissé des fondations religieuses dans l'église d'Huppy. Parmi les noms qui nous sont passés sous les yeux, notamment sur les cahiers

nous n'avons pu retrouver son acte de baptême, mais la date de 1653 est indiquée partout, sans divergences, comme étant celle de sa naissance; et puis sa mort est mentionnée dans les procès-verbaux de l'Académie comme étant survenue en 1719, à l'âge, est-il dit, de soixante-six ans, ce qui donne bien la date de 1653 pour celle de sa naissance. Piganiol de La Force, dans sa *Nouvelle Description de Versailles*, précise davantage et dit que Poultier est mort le 18 novembre 1719, à l'âge de soixante-six ans et six mois; il serait né alors en mai 1653.

D'après des notes généalogiques qui nous ont été obligeamment communiquées en 1893 par M. H. Poultier, conseiller à la Cour de Paris, la famille de notre sculpteur, à laquelle se rattacherait l'honorable magistrat, remonterait à un sieur Colart Poultier, habitant en 1450 le hameau de Poultières [1].

Jean-Baptiste Poultier, d'après la tradition rapportée par M. Louandre père dans sa *Biographie d'Abbeville*, et reproduite

de 1668 à 1673, nous en avons vu plusieurs portant les prénoms de Jean et de François, qui paraissent s'être transmis dans cette famille.

[1] Cette généalogie, qui contient dix-sept rôles et qui comprend douze branches, a été rédigée et signée en octobre 1815 par M. Charles-Claude Lefebvre du Groriez. Le père de M. H. Poultier, le conseiller, considérait, d'après des notes que nous voyons de sa main sur ce travail, le sculpteur Jean-Baptiste comme étant de sa famille. Nous voyons dans cette généalogie qu'un Jean Poultier, né en 1635 (on ne dit pas où), épousa une demoiselle Agathe-Ursule Hecquet; ce Jean Poultier était le cinquième fils de François Poultier (*a*), maître argentier de l'Hôtel de ville d'Abbeville; ce dernier a testé le 9 septembre 1661, à l'âge de soixante-douze ou soixante-quatorze ans, devant Me Robert Calippe (étude aujourd'hui de Me Deslaviers). Dans cet acte que nous avons lu, François Poultier est qualifié d'ancien argentier de la ville d'Abbeville, y demeurant; il y fait de nombreux legs à divers couvents de la ville, à des confréries, puis aussi notamment à un Jacques Poultier. Un autre Jean Poultier, né en juin 1715, consul en 1751, puis juge des marchands échevins en 1791, a été marié à une demoiselle Bellard, devant Me Delignières, notaire à Abbeville, le 27 avril 1751.

(*a*) Un autre François Poultier a été marié par contrat du 28 octobre 1699, devant Me Lavernier, notaire (étude de Me Anty), à demoiselle Anne-Paule Delignières, fille d'André Delignières et de damoiselle Marguerite Levesque (indication confirmée par la généalogie de ma famille à Abbeville). Son fils, François Poultier, docteur en médecine, a testé le 20 octobre 1758; il s'était marié par contrat du 25 avril 1729, devant Me André Delignières, notaire à Abbeville. C'est sans doute à son père, dans tous les cas à un François Poultier, qualifié bourgeois et marchand à Abbeville, que furent données des armoiries reçues et enregistrées à l'Armorial général, dans le registre coté *Picardie*, en vertu d'une ordonnance du 9 juillet 1700; le brevet a été délivré le 1er août 1700 par Charles d'Hozier, conseiller du Roi et garde de l'Armorial général de France.

Le sculpteur dont nous nous occupons se rattachait très probablement à cette famille, mais nous n'avons pu en retrouver la preuve certaine.

par M. Ernest Prarond (*Histoire de cinq villes, etc. : Huppy*), aurait manifesté dès son jeune âge ses dispositions pour la sculpture en taillant avec son couteau, pendant qu'il gardait les vaches, de petites figures en bois[1]. D'après un manuscrit de Collenot, compilateur abbevillois du commencement de ce siècle et dont les assertions sont souvent hasardées, Poultier, auquel ce biographe donne, par erreur, le prénom de François et qu'il fait naître à Pont-Remy, aurait reçu à Abbeville les premières notions de sculpture d'un nommé d'Outrereau.

Il paraît certain, dans tous les cas, qu'un autre sculpteur d'Abbeville plus connu, *Lempereur*, qui a décoré de son ciseau plusieurs églises d'Abbeville et notamment celle de la Chapelle, au faubourg de Thuison, où il a travaillé aux stalles et à d'autres boiseries, reconnut le germe du talent de Poultier, lui donna des leçons et, voyant ses aptitudes se développer, l'envoya à Paris en le recommandant à un statuaire de ses amis.

Jean-Baptiste Poultier n'avait-il pas été précédé dans la capitale par un de ses parents, celui-là simple encolleur ou peintre de décors? Il est permis de le croire, d'après une mention qui figure dans les *Comptes des bâtiments du Roi*, années 1537 à 1540, où il est dit qu'une « somme de 400 livres a été ordonnée à Guyon Ledoux, Pierre Patin et *Jean Poultier*, peintres, pour encollements et enrichissements ès-lambris de planches de dessus la grande galerie d'un château.... ». La similitude d'un nom qui est peu commun, jusqu'à celle d'un prénom qui s'est transmis à Huppy dans la famille Poultier, rend l'hypothèse au moins vraisemblable. Nous voyons aussi dans les notes manuscrites de Dom Grenier (dix-huitième siècle) qu'un *Poultier*, associé de Christophe Marie, a fini, en 1635, le pont Marie. (Voy. aussi Germain Brice, *Description de Paris*, tome II, p. 332.)

Nous n'avons guère de renseignements sur les premières années de Poultier, sculpteur à Paris. A vingt-cinq ans, il devait être déjà en mesure de vivre de son ciseau, puisqu'il se mariait, nous dit M. Jal, le 6 février 1678, à l'église de Saint-Louis en l'Isle, et il

[1] C'est encore d'après une tradition du même genre que Lesueur, le musicien, membre de l'Institut, auteur des *Bardes*, né au Plessiel, hameau de Drucat, près Abbeville, aurait senti s'éveiller en lui la vocation musicale en entendant et en suivant la musique d'un régiment en marche.

avait parmi ses témoins le sculpteur Philippe Ier Caffieri. Ce qui nous fait connaître, dans tous les cas et d'une manière certaine, qu'il était bientôt considéré comme un artiste d'un certain mérite, c'est qu'en 1683, à l'âge de trente ans, il était, le 26 juillet, agréé à l'Académie de peinture et de sculpture. Moins d'un an après, le 24 mars 1684, il était reçu définitivement membre de cette Académie, sur la présentation des statues en bois dont nous avons parlé ci-dessus, destinées à l'église de Saint-Nicolas du Chardonnet. Ces travaux ne devaient certainement pas être ses premiers, et la protection de Le Brun n'aurait pu s'attacher à un sculpteur tout à fait inconnu ou qui n'aurait pas déjà fait ses preuves, et cependant, malgré nos recherches, nous n'avons pu trouver à une époque antérieure de pièces portant son nom ou à lui attribuées.

Poultier, comme bien d'autres jeunes artistes, a dû longtemps s'exercer pour le compte et sous la direction d'un maître en renom; à cette époque, Le Brun, qui sut donner aux arts de son temps une si grande impulsion, avait besoin de toute une armée de sculpteurs pour la décoration de Versailles; il dut avoir remarqué dans quelque atelier des travaux exécutés par Poultier et les avoir suffisamment appréciés pour lui confier, en 1683, une œuvre importante sur ses propres dessins. Cette confiance avait d'autant plus de portée qu'il s'agissait de l'ornementation de l'église Saint-Nicolas du Chardonnet, dont il avait pris la direction et dont il avait terminé la façade en 1669; c'était son église de prédilection, et il y possédait la chapelle de Saint-Charles[1]. Peut-être Le Brun avait-il vu et observé notre sculpteur picard dans l'atelier de Legendre qui fut son collaborateur principal pour la sculpture de cette église, ainsi que le dit M. Henry Jouin dans son ouvrage si remarquable sur le grand peintre de Louis XIV.

Quoi qu'il en soit, et pour revenir, à défaut d'autres œuvres antérieures connues, à ces statues en bois, elles furent placées sur la porte du chœur de Saint-Nicolas du Chardonnet. Nivelon, dans sa biographie restée manuscrite sur Le Brun, et qui a été relevée en

[1] C'est dans la chapelle de Saint-Charles, où sa mère fut inhumée, que se trouvait un tableau resté célèbre, dû au pinceau de Le Brun, le *Saint Charles Borrhomée en prière*. On sait que le grand peintre, mort le 12 février 1690, voulut être enterré dans une autre chapelle de cette église; son tombeau fut exécuté par Tuby.

maints endroits par M. Jouin, nous dit, folio 382, que le Christ était accompagné de la *Vierge* et de *saint Jean* agenouillés sur le galbe qui supportait la croix; et il ajoute : « Ces deux figures sont très belles et agréables pour leur disposition et la grâce de leurs habillements, ce qui est assez rare dans ces sortes de sujets. » Nous aurons du reste occasion de remarquer, dans le cours de cette étude, que Poultier soignait particulièrement les draperies. Piganiol de la Force (t. V, p. 305) et Thiery (t. II, p. 144) signalent aussi l'existence de ces pièces; le premier et, après lui, Dom Grenier les qualifient à leur tour d' « admirables » . Nous ne pouvons que nous en rapporter à ces auteurs, car ces sculptures n'existent plus, elles ont été détruites à la Révolution [1]; mais les appréciations ci-dessus conservent toute leur valeur, comme émanant de témoins oculaires et de l'époque; elles sont d'ailleurs confirmées par celle de l'Académie, puisque ces œuvres, nous l'avons vu, servirent à Poultier de pièces de réception en 1684.

Le titre d'académicien, non moins que la recommandation de Le Brun, avait mis en évidence notre sculpteur; il était classé, comme on dirait de nos jours. Aussi le voyons-nous, à partir de cette même année, figurer au nombre des sculpteurs officiels chargés de la décoration du parc et du jardin de Versailles, puis de la chapelle. Ici nous n'avons, pour ainsi dire, qu'à suivre les *Comptes des bâtiments du Roi*, de 1681 à 1687, publiés si utilement pour les chercheurs par M. Guiffrey.

On commence par donner à Poultier un simple travail de réparation de bustes moulés d'après l'antique; il est ensuite chargé de l'exécution d'une « grande bordure » pour un tableau du portrait de Sa Majesté donné à M. le procureur général. Ce cadre devait être, eu égard à sa destination, une pièce sculptée en bois; il devait avoir une certaine valeur artistique, car il fut payé à son auteur, le 25 février 1685, la somme relativement élevée de 660 livres.

[1] Voici à ce sujet ce que nous lisons sous la note 6, dans la *Revue universelle des Arts*, publiée par Paul Lacroix, en 1866, p. 126, sous le titre : *Le vandalisme révolutionnaire* : « On a brisé, dit-il, dans la ci-devant église de Saint-Nicolas du Chardonnet, le beau *Christ*, la *Vierge* et le *Saint Jean* sculptés en bois par Poultier, sur les dessins de Le Brun. »

L'église même a été plus tard sur le point de disparaître. (Voir *Inventaire général des richesses d'art de la France*, Archives du Musée des monuments français, 1886, 2e partie, p. 439.)

Viennent ensuite d'autres commandes plus importantes. En 1685 ou 1686, Poultier modelait en terre un groupe d'enfants qui fut coulé en bronze, pour prendre place à l'angle de droite du bassin de Vénus, celui qui est à gauche sur l'esplanade derrière le château, là où il est encore. La composition, peut-être un peu confuse au premier abord, ne laisse pas toutefois d'être d'un effet agréable; elle comprend deux Amours dont l'un, s'appuyant de la main gauche sur son arc dont une extrémité repose par terre, a la main droite placée sur l'épaule d'une toute jeune fille. Celle-ci, dont la chevelure en torsades est en partie déroulée sur une de ses épaules, a l'un de ses pieds posé sur la tête d'un dauphin; elle se regarde coquettement dans un miroir qu'elle tient d'une main, et de l'autre elle soutient une guirlande de fleurs et de coquillages dont le prolongement est retenu à deux mains par l'autre Amour; celui-ci est accroupi sur un genou, et un second dauphin glisse entre ses jambes. Le sujet est gracieux, et les enfants, nus sauf de légères draperies, sont bien modelés; leurs corps, surtout celui de la jeune fille, sont peut-être un peu courts dans la partie inférieure. Le groupe, dans son ensemble, a une hauteur de 1m,40 et au bas une largeur de 0m,90; il a été payé à Poultier, les 2 mars et 13 juillet 1686, la somme de 1,000 livres (*Comptes des bâtiments du Roi*)[1].

M. Guiffrey mentionne, au 27 avril de la même année, le payement à notre sculpteur de 300 livres, « *sur un terme en marbre représentant Flore* »; mais c'est en vain que nous avons cherché ce sujet; il n'est pas indiqué par Piganiol de la Force, et il y a lieu de croire que cette indication, sous le nom de Flore, est le résultat d'une erreur. La seule pièce de ce genre qui existe dans le jardin de Versailles et qui est du reste mentionnée partout, est le terme en marbre de *Cérès*, pour lequel Poultier recevait, les 4 janvier et 4 juillet 1688, une somme de 1,500 livres; nous verrons même plus loin, par la déclaration de l'artiste, que celui-ci aurait touché une gratification pour cette pièce trouvée fort belle par le Roi. Cette statue, à mi-corps, plus grande que nature, enchâssée dans une gaine, se trouve actuellement à l'entrée de l'allée latérale droite au bas de l'esplanade en descendant du château, au point où cette

[1] Cette pièce a été gravée par Thomassin, en 1724, dans son *Recueil des statues de Versailles*, sous le titre : *Groupe de bronze d'enfants à l'arc, fait par Jean-Baptiste Poultier*, n° 168.

allée, qui est celle dite de l'Été, rejoint la demi-lune en avant du tapis vert; elle était autrefois dans l'allée d'eau, nous dit Piganiol de la Force; elle ne porte pas de signature. La déesse est représentée de face, le corps tourné vers la droite, la robe flottante, serrée seulement presque sous les seins et retenue à l'épaule droite par une pierre précieuse, le bras droit nu; elle a les yeux levés vers le ciel; ses cheveux, légèrement ondulés, s'échappent sur la nuque en torsades ornées d'épis de blé et de bleuets entrelacés. Elle porte de la main gauche une grande gerbe de blé, au milieu de laquelle sont mêlés des coquelicots et des bleuets, et, de la main droite portée vers le côté gauche, elle tient une couronne composée des mêmes fleurs. La figure et les nus sont bien modelés, les mains notamment sont fort belles, les draperies bien comprises, bien ajustées, sans raideur, la robe retombant en plis gracieux sur la gaine. Cette pièce de sculpture et la statue de *Didon* qui va suivre ont été dessinées au dix-huitième siècle; elles figurent dans un recueil qui existe au Cabinet des estampes sous le titre : *Statues de Versailles dessinées et lavées à l'encre de Chine*, sans nom [1].

Nous ne mentionnerons que pour mémoire un grand *vase de marbre* avec fleurs de lis encadrées dans les losanges et dont le pied est orné d'oves [2]; comme aussi plusieurs chapiteaux de colonnes et de pilastres que Poultier a exécutés, tant pour le jardin de Versailles que pour la galerie de Trianon.

La statue de *Didon* nous arrêtera plus longtemps; elle se trouve à gauche de la grande allée en descendant du château, celle qu'on appelle l'allée Royale; cette statue est une des œuvres principales de Poultier. La reine est debout sur le bûcher composé de branches entre-croisées régulièrement; elle lève les yeux au ciel, sa tête est ornée du diadème, ses cheveux tombent en torsades sur le cou et les épaules, les seins sont à nu, ainsi que les bras, la robe est recouverte d'un manteau à bordures richement ornées; der-

[1] Elles ont été gravées dans le *Recueil des statues de Versailles*, La Haye, 1742, petit in-4°, ouvrage de Thomassin que nous a obligeamment communiqué notre confrère d'Abbeville, M. Hecquet, avocat; la *Cérès* forme la planche CC; la *Didon*, la planche n° CXIII. Enfin il existe une autre gravure de cette *Cérès* par Saudnam, et aussi de la statue *Didon* par Charpentier (suite d'estampes d'après des sculptures de Poultier, à la Bibliothèque nationale, Cabinet des estampes).

[2] Gravé également par Thomassin dans le même Recueil, n° 217.

rière elle est posée une armure ; d'une main placée sur sa poitrine elle retient les plis de sa robe, et de l'autre elle porte un glaive par la lame près de la poignée. Cette statue, taillée en marbre blanc, est fort belle de modelé, d'allure et de mouvement ; la douleur contenue de la reine est bien exprimée, en faisant toutefois la part du genre un peu théâtral, solennel et de convention de ce genre de composition à la fin du dix-septième siècle. La Didon fut faite en 1688 ou 1689, vers la même époque que la *Cérès* et le vase fleurdelisé ; les trois pièces rapportèrent ensemble à l'artiste la somme totale de 9,500 livres. Cette dernière, après plusieurs acomptes, ne reçut « son parfaict payement » qu'en 1695 (*Comptes des bâtiments du Roi*).

L'*Almanach de Versailles* de 1782, un siècle plus tard, après avoir passé en revue les œuvres des Anguier (François et Michel), de Tuby, de Regnaudin, de Coysevox, du grand Puget et de Girardon, donne sur l'ouvrage de Poultier une appréciation que nous croyons devoir relever ici, car elle est tout à sa louange : « Dans l'allée Royale, dit l'auteur de la notice, on voit une statue de Poultier qui n'est pas moins recommandable. C'est celle de Didon sur le bûcher, dans l'instant où elle est prête à s'enfoncer le poignard dans le sein, de regret d'avoir perdu Énée. Cette tête a un vrai caractère de beauté ; son attitude a de la noblesse et ses draperies sont hardiment jettées. » De son côté, Piganiol de la Force l'avait mentionnée en 1751 dans sa *Nouvelle Description du château et parc de Versailles*, et à son sujet il s'est livré à un petit cours d'histoire ancienne en reproduisant à la suite un quatrain inspiré, paraît-il, du poète latin Ausone[1].

Poultier ne borna pas là ses travaux à Versailles ; il devait être travailleur, et il ne dédaignait pas de se charger de détails délicats d'ornementation où sa facilité à manier le ciseau pouvait se donner libre cours ; c'est ainsi qu'il exécuta, nous l'avons dit, pour Trianon, plusieurs chapiteaux de colonnes d'ordres différents, qui lui étaient payés d'ailleurs un bon prix, ce qui n'était pas à dédaigner, et il y déployait une activité assez remarquée pour que (détail particu-

[1] Pauvre Didon, où t'a réduite
De tes maris le triste sort ;
L'un en mourant cause ta fuite,
L'autre en fuyant cause ta mort.

lier et significatif) on lui allouât en plus une gratification de cent livres « en considération de la diligence avec laquelle il avait travaillé aux dits chapiteaux ». De 1684 à 1689 Poultier reçut pour le prix de ses sculptures dans le jardin de Versailles seulement, sans compter celles qu'il fit ensuite à la chapelle du château et dont nous allons parler, la somme totale de 13,697 livres, et il faut ajouter encore celle de 1,258 livres qu'il touchait en 1688 pour d'autres ouvrages exécutés en bois et en plâtre au château de Fontainebleau. Comme on le voit, notre artiste était arrivé ainsi, tant par son talent que par son amour du travail, sinon à la fortune, au moins à une honnête aisance.

L'œuvre de Poultier à Versailles comprend encore deux grandes statues, celles de *Saint Basile* et de *Saint Athanase*, d'environ trois mètres de haut; elles font partie d'une série de saints apôtres et Pères de l'Église qui décorent la balustrade extérieure du pourtour de la chapelle et qui correspondent, pour la plupart, aux contreforts. Les deux attribués à Poultier sont placés, côte à côte, à l'angle nord-est du chevet, au dixième contrefort en prenant ceux-ci à partir de l'entrée de la chapelle à droite, en suivant la direction du chevet; cela résulte, au surplus, de l'indication donnée par Piganiol de la Force qui nomme les statues en commençant par le côté méridional, ordre qui ne semble pas avoir été interverti[1].

Les deux personnages sont debout, tête nue, revêtus de leurs costumes pontificaux, et ils portent chacun un livre; le *Saint Basile* est celui le plus près du chevet, il est vêtu d'une grande robe recouverte d'une sorte de chasuble (ou plutôt de pallium), aux plis

1 Nous transcrivons ici, pour toute exactitude, le passage de Piganiol de la Force relatif à cette partie de l'édifice (*a*) : « Toute cette architecture (de la chapelle du palais de Versailles) est couronnée par une corniche corinthienne ornée de modillons dont les caisses sont remplies par des roses; les pilastres qui en retiennent les travées servent de socles à 28 statues de pierre de Tonnerre de neuf pieds de haut chacune; elles sont de différents sculpteurs et représentent l'apôtre saint Thomas, saint Jacques le Majeur, saint Jacques le Mineur, saint André, saint Paul, saint Pierre, saint Jérôme, saint Augustin, saint Grégoire, saint Ambroise, saint Luc, saint Matthieu, saint Marc, saint Jean l'Évangéliste, *saint Basile, saint Athanase*, saint Christophe, saint Grégoire de Nazianze, saint Philippe, saint Barthélemy, la Foi, la Justice, la Charité, les Religions, saint Simon, saint Jude, saint Barnabé et saint Matthieu. »

(*a*) Piganiol de la Force. *Nouvelle Description des châteaux et parcs de Versailles*. 9e édition. Paris, 1764, 2 vol. in-12.

tourmentés, par-dessus laquelle est une bande ornée, sorte d'étole qui tourne devant le cou sur la poitrine, passe sur l'épaule droite, et tombe le long du dos. Il tient des deux mains son livre, sur le plat duquel est figurée une croix dans un médaillon (largeur de la base : $0^m,99$). Le *Saint Athanase*, placé à la gauche du premier, a le même costume, avec cette différence toutefois que la bande ornée ou étole passe sur son épaule gauche ; de la main droite, il tient un plus gros livre qu'il appuie sur sa cuisse droite, et sur le plat sont dessinés un médaillon ovale et des fleurons qui paraissent ressembler à des fleurs de lis (?) (largeur de la base : $0^m,82$). Ces statues sont, comme leurs voisines, beaucoup plus larges que la balustrade sur laquelle elles reposent ; elles ne sont pas signées et ne portent pas d'inscription ; leur exécution, un peu sommaire, n'a rien de particulièrement remarquable ; elle est, du reste, semblable aux autres[1].

D'après Piganiol, et aussi d'après le *Dictionnaire des artistes*, etc., de Bellier et Auvray, Poultier a aussi exécuté, pour l'intérieur de la chapelle, deux bas-reliefs en pierre : un des *groupes d'anges qui tiennent des instruments de la Passion*, et un autre groupe allégorique : *la Tempérance et la Foi*. Nous n'avions pu, à distance, les observer suffisamment, d'autant plus qu'ils se trouvent presque confondus avec d'autres bas-reliefs de même genre et de même style, mais l'indication n'en était pas moins précise. M. Marquet de Vasselot a bien voulu les examiner plus à loisir et nous adresser le résultat de son étude, que nous nous permettons de transcrire ici textuellement, en lui renouvelant nos remerciements.

« Les figures de *la Tempérance et de la Foi*, dit-il, font partie de la série des bas-reliefs qui décorent les archivoltes des grandes fenêtres des tribunes de la chapelle ; elles se trouvent au-dessus de la deuxième fenêtre, côté nord, à gauche de la tribune royale. Elles sont assises dos à dos, *la Force*, vêtue d'une robe légère qui laisse à découvert le bas des jambes, les avant-bras et le sein droit, tient de la main droite un rameau de chêne et pose la main gauche

[1] Ces indications et d'autres pour la chapelle de Versailles nous ont été fort obligeamment fournies par M. Marquet de Vasselot, attaché au Musée de Versailles, et aussi par M. Émile Gavelle, notre collègue correspondant de la Société d'émulation ; nous nous faisons un devoir et un plaisir de les en remercier ici.

sur l'arcature de la fenêtre au-dessous. Derrière elle se trouve un fût de colonne, cannelé, brisé très près de la base. A la droite et adossé à la Force est placée *la Tempérance* : de la main gauche elle tient un mors, du bras droit elle s'appuie sur un vase, elle tourne la tête à droite en regardant la Force, son costume se compose également d'une robe légère laissant à nu les pieds et les avant-bras. Ces deux figures sont au moins de grandeur naturelle. »

M. Marquet de Vasselot, poursuivant obligeamment ses recherches, a eu plus de difficulté pour identifier le bas-relief représentant le *groupe d'anges tenant les instruments de la Passion,* attribué également à Poultier, et il ose à peine affirmer qu'il y est parvenu ; on voit bien, en effet, dans la chapelle du palais de Versailles, plusieurs groupes d'anges tenant des croix, mais il n'y en a qu'un où l'on voie, avec la croix, d'autres instruments de la Passion. Ce bas-relief doit, selon lui, être celui qui est désigné par Piganiol (t. I, p. 34) sous le titre de *Descente de croix*. Les différentes scènes de la Passion sont figurées, en effet, par des compositions allégoriques qui n'ont qu'un rapport assez vague avec le sujet qu'elles sont censées représenter. Ce bas-relief décore le côté droit de l'archivolte de la dernière arcature de la nef (rez-de-chaussée, côté nord), avant les trois arcatures qui entourent l'autel : « Un grand ange, en assez fort relief, vêtu d'une légère robe flottante, ses grandes ailes éployées, est debout à gauche sur des nuages ; son bras droit pend naturellement le long du corps, son bras gauche est ramené devant sa poitrine d'une manière assez prétentieuse. Il paraît s'incliner devant la croix, dressée à l'arrière-plan, et dont un bras est caché par une grande draperie (le linceul ?) et contre laquelle est appuyée une échelle. Au premier plan, à la droite du spectateur, sont deux petits anges nus, assis sur des nuages ; l'un tient la couronne d'épines, l'autre porte l'inscription, déchirée : INRI. En pierre, le grand ange debout est de grandeur environ trois quarts nature. »

Poultier a travaillé non moins activement à l'église des Invalides, où ses œuvres sont nombreuses. Nous voyons d'abord dans les *Comptes des bâtiments du Roi* que, de 1690 à 1693, il a exécuté pour le dôme deux figures en pierre dont les personnages ne sont pas désignés dans ce recueil ; ces figures sont indiquées comme

BIBLIOTHÈQUE NATIONALE RF IMPRIMÉS

devant être placées autour de ce dôme; pour ces statues, Poultier touchait en deux fois, le 2 novembre 1690 et le 10 juin 1691, la somme totale de 700 livres. Félicien des Avaux[1] les signale à son tour, et il nous fait connaître qu'elles représentaient *Saint Jean-Baptiste* et le *Prophète Élie*. Cet auteur mentionne en outre deux autres statues, *Saint Athanase* et *Saint Basile*, placées sur l'un des angles du « carré équilatorial » (?); M. Jal les cite également pour la balustrade de la façade de l'édifice, seulement il substitue le nom de *Saint Ambroise* à celui de Saint Athanase; or ces statues seraient précisément les mêmes, au moins pour les noms, que celles déjà indiquées plus haut comme figurant au chevet de la chapelle du palais de Versailles; peut-être là y a-t-il eu erreur ou confusion. Dans tous les cas, nous avons relevé, sur les *Comptes des bâtiments du Roi*, à la date des 10 juin et 23 septembre 1691, un acompte donné à *Poultier* « de la sculpture qu'il a faite en pierre d'*un Père de l'Église* aux Invalides »; le nom et leur placement ne sont pas indiqués, mais il ne peut pas y avoir de confusion avec l'autre mention de payement pour deux figures en pierre en novembre 1690 et en juin 1691; ce sont bien des pièces distinctes. Enfin, d'après les *papiers de Robert de Cottes*, qui nous ont été obligeamment communiqués en 1895 par M. Henri Bouchot au Cabinet des estampes, les sieurs Hurtrel, *Poultier*, Legros, Cornu, Granier et Rinjole l'aîné avaient été chargés, le 30 janvier 1691, de l'exécution de *huit Pères de l'Église* (le recueil en renferme un dessin spécimen) à raison de 400 livres pièce, signé : « *Devillacerf* ». Sous le dessin on voit figurer également parmi les noms celui de Poultier pour 460 livres, et avec cette note significative : TRÈS BON. Il résulte de tous ces documents que notre artiste picard a au moins exécuté pour l'extérieur des Invalides les statues de saint Jean-Baptiste et du prophète Élie, de même que celle d'un Père de l'Église; ces œuvres ne peuvent lui être contestées, puisqu'il y a preuve qu'elles lui ont été payées.

Il n'y a plus, hélas! que le souvenir de ces œuvres d'art à l'extérieur de l'église des Invalides, et grande est la déception de l'ama-

[1] Félicien DES AVAUX, *Description des peintures et de divers autres ornements de l'église royale des Invalides*. Paris, 1706, IIe vol., p. 311, au dernier chapitre intitulé : *Les noms et les ouvrages des peintres et des sculpteurs qui ont fait les ornements de peinture et de sculpture de l'église des Invalides*.

teur et du chercheur quand il va pour les retrouver et pour les décrire sur place; il n'en subsiste aucune! Il n'y a plus sur la façade, comme nous l'écrivait M. Émile Gavelle qui avait bien voulu, lui aussi, les rechercher, que six statues en tout, quatre de femmes (vertus ou saintes), difficiles à déterminer d'en bas, et deux de saints, saint Charlemagne et saint Louis, dont nous n'avions pas à trouver les auteurs. Quant à celles qui devaient figurer au dôme, il n'en reste plus une seule, les emplacements sont vides! Nous ne saurions préciser à quelle époque ce dôme a été ainsi totalement dégarni.

Poultier a fait bien d'autres sculptures aux Invalides, mais pour l'intérieur de l'église, et celles-là, heureusement, ont subsisté. Les *Comptes des bâtiments du Roi* mentionnent notamment sous son nom, aux dates des 20 janvier et 4 février 1691, vingt-trois chapiteaux et quarante-quatre consoles qui lui étaient payées 714 livres, plus les modèles des arcs-doubleaux, et, en 1692, des sculptures à deux dessus de porte et à deux dessus de croisée des chapelles de l'église pour lesquelles il recevait 1,050 livres (ce sont les bas-reliefs relevés ci-dessous plus en détail); des modèles et dessins pour les bas-reliefs des dessus des portes de ces chapelles, des sculptures en pierre aux panneaux d'une des voûtes pour lesquelles il était alloué, tant à lui qu'à d'autres sculpteurs et en plusieurs fois, la somme de 2,150 livres. Félicien des Avaux précise davantage en indiquant que Jean Poultier a fait dans la chapelle de Saint-Jérôme le bas-relief où *saint Louis est représenté pensant* (sic) *les playes des malades*, plus les *deux anges* qui supportent le bas-relief[1],

[1] M. Émile Gavelle, notre obligeant correspondant, a bien voulu étudier sur place ces pièces de sculpture que nous n'avions pu aller voir, et voici le résultat de son examen : « Dans la chapelle Saint-Jérôme (une des quatre de l'église des Invalides, qu'il ne faut pas confondre avec la chapelle qui est derrière), se trouve un bas-relief en forme de médaillon, de 1^{m},50 environ de diamètre, supporté par deux anges un peu plus grands que nature; il est placé, comme le suivant, entre l'entablement et le cintre d'une des baies par lesquelles la chapelle communique avec le dôme central. Le médaillon comprend trois personnages : saint Louis a fait asseoir un pauvre malade sur son propre trône; le Roi se tient devant lui, le genou droit posé à terre; sur son genou gauche repose la jambe nue du malade qu'il est occupé à panser. Derrière le Roi, un religieux apporte une fiole d'onguent. Il y a peut-être un peu d'exagération dans le mouvement du patient qui pose la main droite sur son cœur dans un geste affecté de reconnaissance; l'attitude du religieux paraît mieux observée. Les deux anges, de chaque côté, tiennent, l'un une couronne, l'autre une palme; ces figures, dans

plus, dans la chapelle de Saint-Augustin[1], *deux autres anges*, et le bas-relief où *saint Louis donne audience au peuple sous un arbre dans le bois de Vincennes*[2]. Ce sont sans doute les mêmes bas-reliefs qui sont mentionnés dans les papiers de Robert de Cottes comme placés, est-il dit, « au-dessus des portes des chapelles en dedans la grande église » ; ces huit morceaux, d'après le manuscrit, ont été exécutés notamment par Mazières, Coustou, le Gros, Granier, *Poultier* et d'autres, avec cette note : *très bon*, à côté du nom de notre sculpteur et en regard du chiffre de 1,400 livres à lui alloué spécialement pour ce travail ; de même « des têtes d'anges au-dessus du grand vitrail ». Félicien des Avaux signale encore, dans la chapelle de Saint-Grégoire, « un groupe d'anges en bas-relief du concert de musique où il y en a un qui joue de la viole ; plus, dans la même chapelle, deux anges dessous les bordures des tableaux ; plus, dans la chapelle de Saint-Ambroise, un groupe d'anges en bas-relief du concert de musique dont l'un joue du violon[3] ». Ces bas-reliefs sont également indiqués dans les papiers de Robert de Cottes sous le n° XXIX pour les

leur ensemble, sont assez banales, quoique cependant traitées avec goût et plutôt meilleures que celles des autres médaillons. Ce bas-relief est entièrement doré, les figures en uni et le fond en treillis d'or avec abeilles dorées sur un champ rouge brunâtre ; ce travail a dû être fait au même temps que le tombeau du prince Jérôme. »

[1] Il y aurait eu en plus, dans cette chapelle, d'après Jal, la statue de *saint Augustin*, « ornement de l'autel », mais nous n'avons trouvé cette indication nulle part ailleurs.

[2] M. Gavelle a vu également ce bas-relief, qui se trouve bien dans une des chapelles, mais qui s'appelle aujourd'hui la chapelle *Saint-Joseph*, sans doute depuis qu'on y a placé le mausolée de Joseph Bonaparte. « Le bas-relief n'est pas recouvert de peinture ; le sujet comprend quatre personnages : saint Louis, la tête ornée de sa couronne, tenant le sceptre en main, est assis sous un arbre, sur un trône ; devant lui, un vieillard à genoux lui présente une supplique. Derrière le vieillard sont deux autres personnages, debout, une vieille femme et une jeune fille. Le sujet a, comme le précédent, le mérite d'être très net, très intelligible, simplement présenté ; le fond ne présente, d'ailleurs, aucune recherche de paysage, mais un panneau plat. Les deux anges qui supportent le médaillon qui renferme le sujet en bas-relief sont de même genre que pour le précédent. »

[3] Ces bas-reliefs, nous dit M. Gavelle, sont placés au-dessus de l'entablement, les anges reposant sur cet entablement ; les deux forment chacun un groupe composé de trois anges dont l'un joue d'un instrument et l'autre chante en tenant un livre de musique ; un troisième qu'on distingue difficilement est à côté d'eux ; ces groupes paraissent ordinaires comme exécution, autant qu'on peut en juger à cause de la hauteur où ils sont placés.

« dessus des croisées au-dessus de la corniche dans le ciel de fond des chapelles; il y en a seize morceaux pareils pierre tendre ». Cette mention est suivie d'un fort joli dessin type au crayon et au lavis représentant une femme ailée jouant de la harpe; elle est entourée d'enfants dont l'un joue de la guitare et l'autre du clavecin, et il est ajouté : « Les sieurs Raon, Coustou, Jolly et Flamand feront chacun trois et les sieurs Martin et *Poultier* chacun deux des seize dessins des croisées des chapelles à raison de 400 livres pièce. » Ce sont évidemment les sujets plus spécifiés en détail par Félicien des Avaux, et dont M. Gavelle a bien voulu nous donner la description. D'après les mêmes papiers de Robert de Cottes, Poultier a encore exécuté, avec d'autres, à l'église des Invalides, divers travaux de sculpture tels que « des dessus de portes, des roses et modillons de corniches, les armes du Roi au-dessus de la porte en dedans de l'église [1] ». Enfin, et comme ouvrages plus importants dont Félicien des Avaux ne parle pas, mais qui sont nettement mentionnés dans le manuscrit de Robert de Cottes, Poultier a encore collaboré avec Granier, Brayolles et d'autres, à l'exécution, « au-dessus des grands vitraux à la croisée de la grande église, de deux figures allégoriques de la proportion de neuf pieds; *la Force :* un guerrier avec une massue et un tronçon de colonne; *la Justice :* une femme avec les balances et le glaive [2] ». Là encore nous trouvons, à côté du chiffre de 1,000 livres allouées à *Poultier* pour sa part dans cet ouvrage, la mention : *bon*.

Notre sculpteur a donc pris, comme on le voit, une large part dans l'ornementation de l'église et de la chapelle des Invalides, et ses travaux y étaient appréciés. Il n'avait plus alors cependant l'appui et la recommandation de Charles Le Brun, qui était mort en 1690.

Entre temps, Poultier avait été également chargé de faire des sculptures à l'hôtel de Vendôme. Les *Comptes des bâtiments du Roi* mentionnent en effet la remise, à la date des 10 septembre et 22 octobre 1690, d'une somme de 670 livres « sur ses ouvrages de

[1] De chaque côté de ces armes sont deux anges, très élancés, tenant l'écu.

[2] Ces figures, nous dit notre correspondant, sont assises, plus grandes que nature. La *Force*, revêtue comme Hercule de la peau du lion de Némée dont la tête lui sert de coiffure, tient d'une main une massue et de l'autre un tronçon de colonne. La *Justice* tient l'épée de la main droite et de l'autre les balances.

sculpture à quarante-cinq chapiteaux et à quarante-quatre consoles ». Cette date de 1690 paraît certaine, et il s'agissait bien alors de travaux exécutés à l'hôtel Vendôme ; mais il paraît non moins certain aussi que Poultier exécuta dix ans plus tard, vers 1700, et cette fois pour le compte de la ville de Paris et à la place Vendôme actuelle, d'autres travaux de même nature. Nous voyons en effet dans Piganiol de la Force, tome II, page 403, que Louvois, voulant se signaler, avait fait acheter par le Roi, en 1685, l'hôtel de Vendôme avec toutes les terres et places des environs ; on démolit plus tard l'hôtel qu'on avait fait arranger au compte du Roi, comme nous venons de le voir, et sur cet emplacement on éleva des façades, ce qui aurait formé une place, « la plus grande et la plus magnifique qu'il y eût en Europe », avec divers hôtels de destinations différentes ; c'est évidemment vers cette date que furent exécutés les travaux mentionnés en 1690 dans les *Comptes des bâtiments du Roi*. La mort de Louvois, arrivée en 1691, un an après celle de Le Brun, fit changer ce magnifique projet qu'il avait conçu et qu'on avait commencé à exécuter. On démolit les bâtiments qu'on avait élevés, et le Roi céda à la ville de Paris les matériaux et l'emplacement. La ville les vendit à son tour à des particuliers qui firent bâtir des hôtels sur la place que Dom Grenier appelle place Royale, et qui est celle actuelle qui porte toujours le nom de place Vendôme. Piganiol de la Force, après avoir critiqué l'architecture de cette place, dont Jules Hardouin-Mansard avait donné les dessins, ajoute : « Les chapiteaux, les bandeaux des fenêtres et tous les ornements de sculpture ont été exécutés et conduits par *Jean-Baptiste Poultier*, sculpteur de l'Académie royale, mort le 12 novembre 1719. » Il semble, malgré une certaine confusion dans le texte, que cette mention ne peut s'appliquer aux constructions premières, puisqu'elles avaient été démolies en 1691, mais aux ornements de la place actuelle. Il y a donc eu là deux natures de travaux exécutés par Poultier au même emplacement, mais à deux époques successives, et les derniers travaux, seuls, subsistent encore aujourd'hui. Ils sont du reste mentionnés parmi les ornements de la place Vendôme actuelle et attribués à Poultier dans l'*Inventaire des richesses d'Art de la France*, au tome Ier, *Monuments civils*, page 343 ; l'auteur de la notice dit, en effet, d'après Germain Brice, que Poultier, sculpteur de l'Académie, « conduisit les chapiteaux et tous les ornements de sculpture de même que les chambranles des fenêtres ». (Germain **Brice**, *Description de la ville de Paris*, p. 186. — Dom **Grenier**, tome LIX.)

Nous arrivons aux premières années du dix-huitième siècle ; les grands travaux paraissent terminés à Versailles et aux Invalides, et, sauf ceux que l'on reprend à Notre-Dame et auxquels Poultier ne sera appelé à participer qu'un peu plus tard, nous ne trouvons trace d'œuvres de lui, de 1699 à 1704, que par quelques pièces qu'il présenta à l'Exposition de 1704. Nous voyons, en effet, dans la collection des livrets relevés par M. Guiffrey, l'énumération de six morceaux de sculpture qui furent exposés au trumeau sur l'eau, dans l'embrasure de la croisée ; ce sont : *Un Christ en bronze sur sa croix ; — Adam et Ève tentés par le serpent ; — Un joueur de guitare ; — Apollon et Daphné ; — Une Vénus ; — Suzanne tentée par les deux vieillards* ; elles sont également mentionnées par Bellier et Auvray. Nous ne pouvons donner d'autres indications sur ces œuvres ; elles sont sans doute disséminées aujourd'hui dans des musées ou dans des collections particulières : elles prouvent dans tous les cas la fécondité du talent de Poultier qui savait se plier à tous les genres.

Mentionnons encore, parmi ces travaux particuliers, le portrait de l'abbé *Faultier*, exécuté en marbre à une époque antérieure à 1709 ; il nous a été révélé par la gravure qu'en a faite Picard à cette date ; elle figure avec celles de *Didon* et de *Cérès*, du jardin de Versailles, dans un classement des estampes gravées d'après les sculptures de Poultier et qui se trouve au cabinet des estampes à la Bibliothèque nationale. C'est un médaillon rond où le personnage est représenté en bas-relief, de profil, entouré d'attributs : la figure est fine, bien modelée et d'une grande correction. (Voyez aux Pièces justificatives, *Estampes d'après des sculptures de Poultier*.)

Nous avons à signaler ici, à une époque que nous n'avons pu déterminer, mais qui, d'après M. de Guillermy, doit se placer vers 1708, ou en tout cas après 1699, lors de la reprise des travaux du chœur de Notre-Dame de Paris, des pièces importantes dues au ciseau de Poultier ; elles n'existent malheureusement plus aujourd'hui, au moins à leur emplacement primitif, et elles ont probablement disparu complètement : ce sont deux bas-reliefs représentant la *Charité* et la *Persévérance* qui étaient placées dans le chœur ; on les trouve indiqués dans divers ouvrages d'une manière précise et qui ne laisse aucun doute. M. Jal nous dit qu'elles étaient de Poultier et qu'elles figuraient au-dessus des arcades à droite du maître-autel ; d'après les dessins originaux de la *Topographie de la France* (tome Ier, *Notre-Dame*) qui sont au département des Estampes, la *Charité* était personnifiée par une femme ailée ayant près d'elle deux jeunes enfants, l'un abrité sous l'une de ses ailes, l'autre couché par devant à ses pieds ; la *Persévérance* ne présente pas d'attributs particuliers.

A une date que nous ne pouvons davantage préciser, Poultier exécuta le monument funéraire du marquis de l'Hôpital, gouverneur de Toul, et de sa femme ; il était placé à l'église de Notre-Dames des Victoires ou des Petits-Pères, dans la sixième chapelle latérale à droite, laquelle sert aujourd'hui de sacristie. Ce tombeau fut détruit en partie à la Révolution, mais les restes du marquis sont encore dans l'église. Il ne subsiste du mausolée qu'une statue en forme de pleureuse ; dans son état primitif, d'après la notice de M. L. Michaut (*Inventaire des richesses d'Art de la France, Monuments religieux*), la pleureuse tenait un médaillon où l'on voyait les portraits du marquis et de la marquise de l'Hôpital. Cette statue a été placée et se trouve encore au bas côté droit, deuxième travée, dans la chapelle Saint-Joseph, au-dessus de la baie de communication de droite dans le tympan de l'arcade, sur une corniche formant support et portée par deux consoles en forme de triglyphes. D'après M. Michaut, auquel nous empruntons ces détails, et par ce que nous avons observé nous-même, cette statue, en marbre (H., 1 mètre ; L., 2m,20), est bien de Poultier ; elle représente la *Vérité ;* elle est drapée et assise, tient un miroir dans la main droite et serre un serpent dans la main gauche ; la pièce est d'un beau caractère, approprié à sa destination.

Deux des dernières œuvres de Poultier, au moins d'après nos recherches, se trouvent à la cathédrale d'Amiens ; ce sont peut-être ses plus belles et ses mieux soignées, et elles suffiraient à elles seules pour conserver dignement son nom dans notre province de Picardie. Ce sont les statues de *Saint Firmin* et de *Saint François de Sales ;* elles ornent, actuellement encore, les côtés de l'autel de la chapelle consacrée à saint Jean-Baptiste et qu'on appelle aussi la chapelle du Vœu, à l'entrée du bas côté gauche du chœur. Elles

B.N.

SAINT FIRMIN, PREMIER ÉVÊQUE D'AMIENS

PAR POULTJER — 1710

(Cathédrale d'Amiens, chapelle de Saint-Jean-Baptiste.)

sont placées chacune sur une saillie du pourtour en marbre qui garnit le fond de l'autel et qui leur sert de piédestal ; par devant, sur le panneau qui est entouré d'un cadre, se trouvent les initiales S. S. entrelacées. Ces deux statues sont en pierre blanche, d'un seul bloc : les figures sont en pied et ont une hauteur d'environ deux mètres (1m,94 ou six pieds) ; elles sont signées chacune sur le socle : *J. Poultier,* 1710. Le personnage à gauche de l'autel représente *Saint Firmin,* premier évêque d'Amiens[1] ; il est coiffé de la mitre, porte un surplis richement orné de broderies par le bas, recouvert d'un manteau ou chape avec bordure également très ouvragée ; la croix est suspendue sur sa poitrine. Le saint est tourné un peu à droite vers l'autel ; il lève les yeux au ciel, la bouche est entr'ouverte, le bras gauche et la main sont posés sur son cœur dans une attitude d'ardente prière ; de la main droite il soutient les plis de son manteau, et il portait dans ses doigts une palme (?) dont il ne reste que l'extrémité. La figure, sans barbe, est parfaitement modelée, les attaches du cou, celles des poignets, sont très bien étudiées et rendues ; les mains, petites, sont fort belles, les draperies bien ajustées ; les plis et les détails de broderie du surplis notamment, et ceux plus amples du manteau, qui est un peu relevé sur le côté, sont parfaitement travaillés, tombant naturellement, et d'une grande souplesse. Le tout : expression du visage, attitude d'adoration, draperies, a été rendu par l'artiste d'une manière heureuse, sans exagération, sans effort apparent, et le personnage présente dans son ensemble un caractère imposant et digne qui retient l'attention ; c'est là réellement une œuvre de mérite[2].

L'autre statue n'a peut-être pas ces qualités au même degré. Le *Saint François de Sales* est représenté debout également, la tête nue, presque chauve, un peu inclinée à gauche vers l'autel, portant toute sa barbe[3] ; il est en costume de chœur, avec croix suspendue au cou et tombant sur la poitrine. Il paraît prêcher, la bouche est légèrement ouverte, et il étend le bras et la main gauches par un geste démonstratif du côté de l'autel ; de l'autre main pendante, il retient son étole par un pli. Les détails du costume sont aussi très

[1] Voir planche ci-dessus.

[2] Gilbert (*Histoire d'Amiens,* t. II, p. 115, relevée par dom Grenier) dit que l'attitude de cette statue est très belle.

[3] Voir planche ci-contre.

fouillés et bien étudiés; l'attitude du saint est peut-être moins heureusement rendue que dans la première statue, mais cette figure n'en est pas moins fort belle. Il y a dans les deux du mouvement, de la vie, et ces deux statues sont d'un grand effet décoratif de chaque côté de l'autel[1]. Nous sommes heureux de pouvoir en donner la reproduction ; nous la devons à l'obligeance de M. Georges Durand, archiviste du département de la Somme, à Amiens, qui a fait un ouvrage, très développé, encore manuscrit, sur la cathédrale d'Amiens.

Nous avons eu, en cours de ce travail, la bonne fortune d'avoir en main un document précieux qui se rattache à ces deux statues. C'est le marché passé avec le chapitre de la cathédrale d'Amiens, pour la construction de la chapelle Saint-Jean, le 2 mai 1709, « suivant et conformément au dessein agréé par monseigneur l'évesque, messieurs du chapitre et messieurs de l'Hostel de ville, sous la conduite de monsieur Oppenor architecte ». Ce marché comprend la maçonnerie, le marbre et les sculptures : « Sera fait, est-il dit notamment, deux figures, chacune d'un seul bloc de pierre de Tonnerre, portant six pieds d'auteur (*sic*), y compris la plainte (*sic*), l'une représentant *saint Firmin*, l'autre *saint François de Salles*... » Les ouvrages devaient être faits et parfaits et place nette au quinzième juin 1710; tout, d'ailleurs, est spécifié avec le plus grand soin. L'acte est passé en présence des notaires Delafosse et Pouy, d'une part, et du s^r Jean-Baptiste Poulletier, demeurant rue de Cerisy, paroisse St-Laurent, et du s^r Pierre Malleroi, M^e marbrier à Paris, y demeurant faubourg Saint-Denis paroisse St-Laurent, d'autre part. Enfin, le marché était fait en bloc pour la somme de dix-neuf mille livres payables par parties.

Poultier n'avait pas oublié son pays natal, Huppy, et, par une attention pieuse et délicate, il a fait en 1698 pour l'église de ce village la statue de *Saint Sulpice*, qui était le patron de la

[1] Nous ne saurions laisser passer inaperçu le magnifique retable, en forme de tableau en bas-relief, qui surmonte cet autel dont il fait le fond. Ce travail en bois, de relief très peu accusé, a été exécuté en 1780, par Carpentier, aux frais de Mgr de Machault, évêque d'Amiens. Le sujet représente au milieu le Christ debout, entouré d'une gloire, tenant sa croix; à ses côtés, à gauche, la Vierge debout sur des nuages, admirablement drapée, dans une attitude suppliante ; de l'autre côté, saint Jean à genoux, en adoration. C'est là une œuvre d'une grande perfection.

SAINT FRANÇOIS DE SALES

PAR POULTIER — 1710

(Cathédrale d'Amiens, chapelle de Saint-Jean-Baptiste.)

paroisse[1]. Cette figure n'a pas sans doute le degré de perfection qu'on remarque dans les saints qui se trouvent à la cathédrale d'Amiens, mais elle n'est pas indifférente, et elle se présente surtout avec un certain degré d'originalité comme pose, attitude et expression. Elle a déjà fait l'objet, en 1887, d'une courte notice de M. l'abbé Le Sueur, curé d'Érondelle, notre collègue correspondant, sous le pseudonyme de Jean de Gaillat, dans le *Cabinet historique de la Picardie et de l'Artois*. La statue, qui a $1^m,60$ de hauteur, a été taillée dans un seul bloc de pierre; elle se trouve dans l'église au bas côté de gauche, contre un pilier qui sépare le chœur de la chapelle de la Vierge. Le saint, revêtu de son costume pontifical, la mitre sur la tête, en surplis recouvert d'un manteau ou chape avec bordure garnie d'ornements à guirlandes et retenu sur la poitrine par une agrafe, est représenté assis sur un fauteuil ou *cathedra*, et, d'après son attitude, il est à prêcher; la bouche en effet est entr'ouverte, le bras droit étendu, la main levée. La figure a une expression animée, parlante, pourrait-on dire; les traits sont accentués, et ce visage, dans son ensemble, respire l'énergie et l'intelligence. Comme nous l'avons dit ci-dessus, cette œuvre est vigoureuse et d'une véritable originalité; il est fâcheux seulement qu'on l'ait gâtée par une enluminure qui paraît postérieure à sa création. On a peint, notamment, en noir cru, la pupille des yeux, ce qui leur donne une fixité désagréable et un caractère presque dur; mais si on revient sur l'exécution de la statue en en détaillant les parties, on remarque notamment, comme l'a très bien dit le collaborateur du *Cabinet historique*, « le naturel de la pose et l'ampleur des draperies ». Nous ajouterons que les attaches du cou, celles des poignets, les détails de la figure sont particulièrement bien modelés, ainsi que nous l'avons observé pour les statues de la cathédrale d'Amiens; nous dirons aussi que les mains sont finement travaillées, ainsi que les oreilles. Ce n'est certainement pas là une œuvre ordinaire, banale, et pour être destinée, après les magistrales statues de Versailles et de Notre-Dame de Paris et d'Amiens, à une modeste église de village, l'artiste ne l'a pas moins soignée d'une manière toute particulière et qui lui fait honneur.

[1] Voir planche ci-après.

Cette statue, nous l'avons dit, porte sa date; elle nous est donnée par une inscription qui se trouve derrière, et il est difficile de la lire sans déplacer le bloc; nous la transcrivons d'après M. l'abbé Le Sueur : « Cette figure a esté faite par Jean Poultier natif de ce lieu, sculpteur ordinair (*sic*) du Roy et de son Accadémie roiale (*sic*), en l'an 1698. »

Il nous reste à parler d'un écrit de *Poultier*, relatif à ses statues du jardin de Versailles; c'est une lettre qu'il a écrite près de vingt mois avant sa mort pour le *Mercure de France*, et qui a été reproduite dans le tome XVII d'après un choix de pièces tirées des anciens *Mercures* et autres journaux de l'époque par Marmontel. Il semble que notre sculpteur, arrivé au déclin de sa vie, ait voulu rappeler l'attention du public sur ses œuvres du jardin de Versailles, œuvres qui étaient alors un peu tombées dans l'oubli. Il l'a fait d'une façon assez naïve et sous une forme assez prétentieuse et forcée avec une sorte de mise en scène qui ne pouvait tromper personne. Il a été guidé par un sentiment d'amour-propre assez excusable en raison de son désir de faire remarquer ses premières sculptures pour lesquelles il avait sans doute conservé quelque prédilection. Après avoir parlé, d'une manière tout élogieuse et avec une fort juste appréciation, du *Milon de Crotone*, et du groupe de *Persée et Andromaque*, du Puget, comme aussi d'une statue du comte de Boullogne, celle de la *Fourberie*, il fait intervenir deux prétendus inconnus dont l'un parle de la statue de *Didon*, œuvre de Poultier; il en fait, bien entendu, une appréciation fort avantageuse, et même, il faut le dire, assez exagérée; l'auteur ne sourcille pas, et se contente de remercier. Puis, plus loin, à propos du terme de *Cerès*, Poultier nous apprend que le Roi lui en avait autrefois témoigné sa satisfaction et qu'il lui avait même fait remettre une gratification pour cette figure qu'il avait trouvée « une belle femme » ; ce souvenir vient à point pour atténuer la critique qu'en vient faire un nouvel inconnu. La lettre se termine par l'examen des statues exécutées par Gaspard de Marcey, Regnaudin, Girardon et autres...

Nous ne connaissons des élèves de Poultier que *Jean-Baptiste-Michel Dupuis*, sculpteur amiénois né le 16 septembre 1698, qui ne paraît avoir travaillé que dans sa ville natale. Il a fait la chaire de

SAINT SULPICE

PAR POULTIER — 1698

(Eglise d'Huppy — Somme.)

la cathédrale et la *Gloire* du maître-autel, et il y eut pour collaborateur son gendre Christophle. M. Robert Guerlin, président de la Société des antiquaires de Picardie, a parlé de Dupuis dans cette enceinte à la session de 1895, et nous relevons notamment, dans sa notice très documentée, le passage d'une lettre insérée dans le *Journal de Verdun* (numéro du 10 mai 1749), sur Mgr Sabatier, évêque d'Amiens. Cette lettre, du 10 novembre 1748, se termine ainsi : « C'est M. Dupuis, sculpteur d'Amiens, digne élève de M. *Poultier*, sculpteur du Roy, qui a été chargé du tombeau de Mgr Sabatier. »

Nous n'avons pas de portrait de notre artiste d'Huppy, et nous ne le voyons indiqué nulle part dans l'*Iconographie picarde* de M. Henri Macqueron. Choquet, l'un de nos peintres abbevillois, l'a toutefois fait figurer sous le n° 103 dans le patriotique tableau qu'il a composé en 1802, et qui représente, d'après la banderole supportée au milieu de la composition par deux génies : « *Les hommes dignes de mémoire, nés à Abbeville ou aux environs.* » Poultier est placé à l'extrême droite du portique, aux côtés du contre-amiral Perret, né à Saint-Valery-sur-Somme, et de Lejoille, chef de division. Il a les cheveux blonds, un peu tombants sur le front, et il porte un large col à glands sur son pourpoint, mais c'est là évidemment une figure de fantaisie comme Choquet en a fait pour bien d'autres dans cette grande et intéressante présentation, très ingénieusement disposée, de nos hommes d'épée et de plume, de nos géographes, de nos médecins, de nos historiens et de nos nombreux artistes : peintres, sculpteurs, graveurs et musiciens.

Nous avons cherché à relever, tant sur place qu'à l'aide de documents de toute nature, les œuvres principales de Poultier ; comme on l'a vu, elles sont nombreuses, et l'existence de cet artiste a été, en somme, bien remplie. Son talent s'est exercé dans tous les genres ; il a taillé indifféremment la pierre, le marbre, le bois, et il a aussi modelé en terre et en cire. Rappelons ici, d'après les papiers de Robert de Cottes, les mentions : BON, TRÈS BON, indiquées pour plusieurs de ses sculptures ; ces mentions sont d'autant plus à son éloge qu'elles ne paraissent avoir été appliquées que par exception et à très peu d'autres artistes. A Versailles comme aux Invalides, Poultier eut l'honneur, sinon peut-être de rivaliser avec les Anguier, les Girardon, les Coysevox et autres grands sculpteurs de l'époque, au moins de travailler à côté d'eux et de s'y faire remarquer par des œuvres recommandables comme celles de *Didon* et *Cerès*. Ses autres statues, à la cathédrale d'Amiens, à l'église d'Huppy, pour ne parler que des plus saillantes qui restent de son œuvre, sont dignes également d'être appréciées et plus justement encore. Aussi croyons-nous pouvoir faire figurer Poultier avec honneur dans le groupe nombreux de nos artistes picards.

BIBLIOGRAPHIE

Almanach de Versailles, 1782.

Bellier et Auvray, *Dictionnaire général des artistes de l'École française*. Paris, Renouard, 1885.

Cabinet historique de la Picardie et de l'Artois. Directeur : M. Alcius Ledieu. 1re année, 1887, *Découverte d'une œuvre de Jean Poultier, signé : Jean de Gaillat* (M. l'abbé Le Sueur).

Dom Grenier, *Manuscrits*, tomes II et LIX, 24e paquet, 17e liasse. (Bibl. nat., manuscrits.)

Dumay (l'abbé), *Le pèlerin de Notre-Dame des Victoires*, 1894.

Félicien des Avaux, *Description des peintures et des divers ornements de l'église royale des Invalides*, 2e vol., 1706.

Gilbert, *Description historique de l'église cathédrale de Notre-Dame d'Amiens*. Amiens, 1833.

Guiffrey (Jules), *Collection des livrets des anciennes expositions depuis* 1673 *jusqu'en* 1800. Paris, 1869.

Guiffrey (Jules), *Comptes des bâtiments du Roi sous le règne de Louis XIV*. Paris, 1881, 3 vol.

Guilhermy (F. de), *Description archéologique des monuments de Paris*. Paris, 1856.

Inventaire des richesses d'art de la France, monuments religieux, tome II.

Inventaire général des richesses d'art de la France. (Archives du Musée des monuments français, 2e partie, 1886.)

Jal, *Dictionnaire critique de Biographie et d'histoire*.

Janvier (Auguste), *Note sur Poultier*. (*Bulletin de la Société des antiquaires de Picardie*, 1892, no 2.)

Jouin (Henry), *Charles Le Brun et les arts sous Louis XIV*. (Imprimerie nationale.)

Lacroix (Jules) et C. Marsuzi, *Revue universelle des arts*, tome XXIII. Paris-Bruxelles, 1866.

Lebeuf, *Histoire de la ville et du diocèse de Paris.* Paris, 1883.

Louandre père, *Biographie d'Abbeville.* Abbeville, Devérité, 1829.

Macqueron (Henri), *Thibaut Poissant, sculpteur picard* (1605-1668). — *Bulletin de la Société d'émulation d'Abbeville*, 1893, nos 1 et 2.

Macqueron (Henri), *Notes sur les églises de l'arrondissement d'Abbeville.* — *Volume du congrès tenu à Abbeville en* 1893, *par la Société française d'archéologie.*

Nivelon, *Manuscrit de Charles Le Brun et description détaillée de ses ouvrages.* (Bibl. nat., manuscrits.)

Piganiol de la Force, *Nouvelle Description des châteaux et parcs de Versailles et de Marly*, 1751.

Piganiol de la Force, *Description historique de Paris et de ses environs.* Paris, 1765.

Prarond (Ernest), *Histoire de cinq villes et de trois cents villages.* Canton d'Hallencourt, tome Ier, 1861.

Procès-verbaux de l'Académie royale de peinture et de sculpture.

Robert de Cottes, *Papiers, manuscrits au département des estampes.* (Bibl. nat.)

Recueil des statues de Versailles. La Haye, 1724.

Statues de Versailles; dessinées et lavées à l'encre de Chine; manuscrit, estampes. (Bibl. nat.)

Recueil des estampes gravées d'après Poultier. (Cabinet des estampes à la Bibliothèque nationale.)

PIÈCES JUSTIFICATIVES

PROCÈS-VERBAUX DE L'ACADÉMIE ROYALE DE PEINTURE ET DE SCULPTURE

Du samedy sixième mars 1684.

Ce jourd'huy, sixième mars 1684, la Compagnie, après son sujet d'entretien de la conférence faicte par Monsieur Champagne l'esné contre les coppistes des manières, et sur ce que le sieur *Poulletier* a présenté son ouvrage pour sa réception, ensemble sur la délibération cy devant escrite qui n'a point été signée, l'Académie a remis en délibéré au premier jour.

Suivent les signatures.

Du samedy dix huitième mars 1684.

Ce jourd'huy, dix-huitième mars 1684, la Compagnie estant générallement assemblée pour la dernière du quartier, attendu que le dernier samedy de ce mois est veille de la feste de Pâques, etc., etc.

Et, sur la présentation que le sieur *Poulletier* a faict des ouvrages qui lui avoient été ordonnés, représentant une Vierge et un saint Jean faicts en bois, pour estre posés à costés d'un Crucifix qui doit estre mis sur l'entrée du cheur de Saint-Nicolas du Chardonnet, la Compagnie, après avoir examiné lesdits ouvrages et recueilly les voix en la manière ordinaire, a jugé que ledit sieur *Jean Poulletier,* sculpteur, estoit capable d'être receu académicien, et que de cette délibération il en sera faict rapport à Monseigneur le protecteur pour avoir son aggréement, sentiment et approbation[1].

Signé : Le Brun, N. de Plate-Montagne, La Chapelle-Bessé, Girardon, de Sève, Desjardins, Girardon, de Beaubrun, Edelinck, Audran, Parrocel, Hallé et autres (il y a cinquante signatures).

Du vendredy 24 mars 1684.

... L'Académie ayant eu l'agréement de Monseigneur le Protecteur pour la réception en l'Académie du sieur *Jean Poulletier*, sculpteur, elle a receu de lui le serment en la manière accoutumée, qu'il a presté entre les mains de Monsieur le Brun, ensuite de quoy il a pris place, et lui seront délivrées ses lettres en la forme ordinaire, et d'autant que les deux figures qu'il a présentées pour sa réception sont destinées pour Saint-Nicolas du Chardonnet.

Ainsi qu'il est expliqué dans les délibérations précédentes, Monsieur le Brun, en faveur de ce que la Compagnie a faict cette destination, a remis au profit de l'Académie la rétribution qui luy est deue pour son quartier d'exercice en qualité de recteur de la présente année.

Du samedy 25 novembre 1719.

... L'Académie a été avertie de la mort de Monsieur *Jean-Baptiste Poultier,* sculpteur, né à Huppy, proche Abbeville[2], qui est arrivée le douze du courant, âgé de soixante-six ans.

Signé : Coypel, de Boullongne, Hallé, C. Vanclève, Vernansel, Barrois, Bertin, J. Christophe, G. Coustou, Cazer, le Moyne, Bertrand, de Troy fils, Meusnier, Le Clercq, Verdot, Thierry.

[1] Ces deux derniers mots ont été barrés sur l'original.

[2] A trois lieues un quart d'Abbeville.

Piganiol de la Force. — *Description historique de Paris et de ses environs.* Paris, 1765.

Tome V, page 305. — *Église de Saint-Nicolas du Chardonnet.*

... Le crucifix qui est au-dessus de la porte du chœur, de même que les statues en bois de la Vierge et de saint Jean qui l'accompagnent sont des morceaux excellents qui ont été sculptés d'après les desseins de le Brun par *Pouletier,* de l'Académie royale de peinture et de sculpture.

Tome Ier, page 294. — *Notre-Dame.*

... Au-dessus des arcades sont les vertus désignées par les attributs qui leur conviennent. A droite, en commençant du côté de l'autel, l'on voit *la Charité* et *la Persévérance,* sculptées par Pouletier, *la Prudence* et *la Tempérance* par Fremin, *l'Humilité* et *l'Innocence* par le Pautre. A gauche, sont *la Foi* et *l'Espérance* par Lemoine, *la Justice* et *la Force* par Bertrand, *la Virginité* et *la Pureté* par Thierry.

Jules Guiffrey. — *Comptes des bâtiments du Roi sous le règne de Louis XIV.* Paris, Imprimerie nationale, 1881.

Tome Ier. — 1528-1571.

Années 1537 à 1540. « A Guyon Ledoux, Pierre Patin et *Jean Poulletier,* peintres, la somme de 400 livres à eux ordonnez par lesdits de Neufville et Babou pour avoir par eux faicts tous les encollements et enrichissements ès lambris du plancher de dessus la grande gallerie dudit château. »

Même ouvrage, tome II. — 1681-1687.

Page 442, année 1684. — *Versailles.*

12 novembre. A Poulletier, pour la réparation des bustes moulés d'après l'antique dans les creux du Roy au palais Brion. . . . 168 liv.

Page 619, année 1685. — *Versailles.*

25 février. A Poulletier, sculpteur, pour une grande bordure qu'il a fait pour un tableau du portrait de S. M. donné à M. le Procureur général . . . . 660 liv.

Page 1182, année 1687. — *Sculptures de Versailles.*

2 mars, 13 juillet. A Poultier, sculpteur, parfait payement d'un groupe de trois enfants, qu'il a fait en terre pour le bassin de Vénus, en face du chasteau de Versailles, dont il a réparé les cires pour être jeté en bronze (2 p.). . . . . 1,000 liv.

27 avril. A luy, sur un terme en marbre représentant *Flore.* 300 liv.

27 avril-23 novembre. A luy sur un grand vase de marbre (3p.). 600 liv.

7 septembre-19 octobre. A luy sur cinq chapiteaux pilastres qu'il a fait en marbre pour Trianon (2 p.). . . . . 700 liv.

2 septembre. A luy, par gratification, en considération de la diligence avec laquelle il a travaillé auxd. chapiteaux. . . . . 100 liv.

Même ouvrage, tome III. — 1688-1695.

Pages 100 et 101, année 1688. — *Diverses maisons royales* (*Versailles*).

4 janvier-4 juillet. A Poulletier, sculpteur, à-compte du modèle en plastre et du terme qu'il a fait en marbre représentant *Cérès* (4 p.). . . . . 1,500 liv.

4 janvier. A luy, à-compte d'un chapiteau colonne d'ordre ionique en marbre pour Trianon . . . . 200 liv.

8 février-11 juillet. A luy, parfait payement de 2,169 livres pour un chapiteau colonne isolé, deux chapiteaux pilastre droits, trois chapiteaux pilastre d'angle d'ordre ionique, et deux grands chapiteaux d'ordre composite pour les trumeaux de la gallerie, à Trianon (4 p.). . 1,369 liv.

15 février-7 mars. A luy, à-compte d'un grand vaze en marbre pour Versailles (2 p.). . . . . 500 liv.

Page 183, année 1688. — *A Fontainebleau*. — *Sculptures*.

3 octobre. A Poulletier, sculpteur, pour les ouvrages de sculptures, tant en bois qu'en plastre par luy faits aud. chasteau en 1688. 1,258 liv.

Page 291, année 1689. — *Diverses maisons royalles* (*Versailles*).

20 novembre. A Poulletier, sculpteur, à compte d'une grande figure de marbre représentant *Didon avec ses attributs*, qu'il a fait pour l'allée royalle du jardin de Versailles. . . . . 500 liv.

Page 422, année 1690. — *Invalides*.

12 novembre. A Poulletier, sculpteur, à compte des deux figures qu'il a fait en pierre pour le dôme des Invalides. . . . . 400 liv.

Page 424, année 1690. — *Hostel de Vandôme*.

10 septembre-22 octobre. A Poulletier, sculpteur, sur les ouvrages de sculpture à quarante cinq chapiteaux et quarante quatre consolles (4 p.). . . . . 670 liv.

Page 559, année 1691. — *Invalides*.

10 juin-23 septembre. A Poultier, sculpteur, à-compte de la sculpture qu'il a fait en pierre d'un Père de l'Église, deux dessus de croisée et deux dessus de portes dans l'une des chapelles de ladite église (4 p.). 400 liv.

10 juin. A luy, parfait payement de 700 livres pour deux figures de pierre posées autour dudit dôme. . . . . 300 liv.

7 janvier-4 février. A luy, parfait payement de 714 livres, à quoi montent vingt-trois chapiteaux et quarante quatre consolles pour ladite église (2 p.). . . . . 134 liv.

10 juin. A luy et d'autres pour avoir ragréé la sculpture desdits chapiteaux des murs de face . . . . 60 liv.

Page 560. A Léger et à Poultier, sculpteurs, pour les journées qu'ils ont employées aux modelles des arcs doubleaux de ladite église. 133 liv. 1 s. 4 d.

Page 703, année 1692.

10 février-16 novembre. A Poultier, sculpteur, à-compte de la sculpture qu'il a fait en pierre à deux dessus de portes et deux dessus de croisées des chapelles de lad. église (6 p.). . . . . 1050 liv.

10 aoust. A luy pour les modèles et desseins qu'il a faits pour les bas-reliefs des dessus des portes des chapelles de lad. église. . . . 140 liv.

Page 704. — 19 octobre-16 novembre. A Poirier, Coustou, Hardy et Poultier, sculpteurs, à-compte des ouvrages et sculptures qu'ils font à ladite église et aux panneaux d'une des voûtes des chapelles (2 p.). 1,200 liv.

Page 845, année 1693.

22 mars. Au s^rs^ Poirier, Coustou, Hardy et Poultier, autres à-comptes de la sculpture en pierre aux panneaux d'une des voûtes des chapelles de lad. église. . . . . 500 liv.

Page 846. — 5 avril-12 juillet. Au s^r^ Poultier, sculpteur, à compte de la sculpture en pierre à deux dessus de portes et deux dessus de croisées des chapelles de lad. église (3 p.). . . . . 450 liv.

Page 1082, année 1695. — *Recettes.*

26 juillet. De luy (de M. Pierre Gruyn, garde du trésor royal), 6,100 livres pour délivrer au nommé Poultier, sculpteur, pour, avec 3,400 livres qu'il a cy devant reçeus, faire le parfait payement de 9,500 livres à quoy monte la figure représentant *Didon*, un terme représentant *Cérès* et un grand vase, le tout de marbre blanc, par lui faits et posez dans les jardins du château de Versailles pendant 1687, 1688 et 1689, et 50 liv. 16 sols, 8 deniers pour les taxations. 6050 liv. 16 s. 8 d.

Page 1131, année 1695. — *Fonds libellés.*

Au sieur Poultier, sculpteur, 6,100 livres pour, avec 3,400 déjà ordonnez, faire le parfait payment de 9,500 livres, à quoy montent la figure représentant *Didon*, un terme représentant *Cérès*, et un grand vase, le tout de marbre blanc, qu'il a faits et posez dans les jardins de Versailles pendant les années 1687, 1688 et 1689. . . . . . . 6,100 liv.

Papiers de Robert de Cottes. — *Manuscrit.* — *Bibliothèque nationale. Département des estampes.*

Tome II. — *Dôme des Invalides.*

N° XIII. — *Spécimen des Évangélistes.*

C'est une figure représentant en pied un Père de l'Église avec ses ornements pontificaux, recouvert d'un manteau et tenant un livre.

Et sur le côté, on lit :

Mazières et autres. . . . . 400 liv. *très bon.*
Coustou. . . . . 450 liv.
Poultier. . . . . 460 liv. *très bon.*

Plus loin, au verso, on lit :

Les sieurs Hurtrel, *Poultier*, le Gros, Cornu, Granier et Rayole l'aîné, deux des Huit Pères de l'église dont le dessein est d'autre part à raison de quatre cent livres pièce.

Fait à Versailles le treutième jour de janvier seize cent quatre vingt onze.

Signé : Devillacerf.

Plus loin :

Pour la sculpture des deux dessus du grand vitrail, sont chargés Rayolle, *Poultier* et d'autres.

Le sieur Rayolle fera la sculpture des deux dessus du grand vitrail dont le dessein est de l'autre, à raison de sept cent cinquante livres chaque.

Fait à Versailles le trentième janvier dix sept cent quatre vingt onze.

Signé : Devillacerf.

Plus loin, nº XVII.

Dessus des grands vitraux à la croisée de la grande église, pierre de bonbanc; figures de proportion de neuf pieds.

Deux pareilles figures allégoriques. La Force : un guerrier avec une massue et un tronçon de colonne; la Justice : une femme avec les balances et le glaive.

Granier, les deux figures. . . . . 1,000 liv.
Brayolles — — *bon* . . . . 750 liv.
Poultier — — *bon* . . . . 1,000 liv.
et autres.

Nº XX.

Les armes du Roy au-dessus de la porte en dedans de l'église, pierre dure.

(Avec dessin à la sanguine.)

Je prie Monsieur de la Chapelle de recevoir incessamment des prix sur cet ouvrage.

Du 15 janvier 1691.

Et au-dessous :

Par Poultier . . . . 900 liv.
Par Robert . . . . 900 liv.

Plus bas :

Du 16 janvier 1691.

Par Hannart. . . . . 850 liv.
Par Varin le jeune. . . . . 800 liv.
et autres.

Du 18 janvier.

Par Poultier . . . . 750 liv.
et autres, parmi lesquels Jouvenet l'aîné.

N° XXII.

Bas-reliefs au-dessus des portes des chapelles en dedans la grande église, compris le couronnement au-dessus et le soubassement au-dessous; il y a huit morceaux pareils.

Pour le tout ensemble, Mazières frères. . . . . 1,400 liv.
— — — Coustou. . . . . 1,450 liv.
— — — Barrois. . . . . 1,450 liv.
— — — le Gros — *très bon*. . . . .
— — — Flamen . . . .
— — — Granier . . . .
— — — Magnier — *très bon* . . . .
— — — *Poultier — très bon* . . . . 1,400 liv.
et autres.

N° XXVIII.

Dessus des vitraux des chapelles dans la voute, pierre tendre; il y en a 16 pareilles.

(Avec un dessin.)

Deux têtes d'anges avec ornements tombant de chaque côté du cintre.

Parmi les noms, *Poultier* . . . . 100 liv.

N° XXIX.

Dessus de croisées au-dessus de la corniche dans le cul de four des chapelles. Il y en a 16 morceaux pareils, pierre tendre.

(Très joli dessin au crayon et lavis, représentant une femme ailée jouant de la harpe, entourée d'enfants dont l'un joue de la guitare et l'autre du clavecin.)

Les sieurs Raon, Coustou, Jolly et Flamand feront chacun trois, et les sieurs Martin et *Poultier* chacun deux des seize desseins des croisées des chapelles dont le dessein est d'autre part, à raison de quatre cens livres pièce.

Fait à Versailles le trentième janvier mil six cent quatre vingt onze.

Signé : Devillacerf.

Chapiteaux des dedans des petites chapelles et pilastres tenant ensemble, pierre de boulanc; il y en a 32 parcils, les deux n'en font qu'un chapiteau.

Noms divers et notamment :

Poultier . . . . 320 liv.

Roses et modillons de la corniche au-dessus desdits chapiteaux, pierre tendre.

Il y en a 288 modillons et autant de rozes.

Parmi les noms :

Poultier. . . . . modillons, 4 liv., roses, 3 liv.

Dessus des portes en dedans des chapelles au-dessus des grandes entrées; il y en a 8 pareilles.

(Dessin représentant deux anges qui soutiennent la couronne royale posée sur le sceptre.)

Rayolle. . . . . 750 liv.

Jouvenet l'aîné . . . . 1,000 liv.

Lespingola . . . . 1,000 liv.

Poultier . . . . 1,000 liv.

Du 13 janvier 1691.

Par *Poultier* . . . . 900 liv.
et autres.

Les sieurs Rayole, Vizier, Raon et *Poultier* feront la sculpture des huit dessus de porte dont le dessin est de l'autre part à raison de sept cent cinquante livres chacun dessus.

Fait à Versailles le trentième janvier 16 quatre vingt onze.

Signé : Devillacerf.

Piganiol de la Force. — *Description de Paris, de Versailles, de Marly, etc.* Paris, 1742.

Tome II, page 403. — *Place Vendôme.*

« Monsieur de Louvois voulant se signaler dans la surintendance des bâtiments du Roi comme il faisait dans le Ministère de la guerre, inspira au Roi de faire une grande place dans ce quartier, afin de faciliter la communication de la rue Saint-Honoré avec la rue Neuve des Petits-Champs. Pour l'exécution de ce projet le Roi acheta l'hôtel de Vendôme en 1685, toutes les terres et places des environs et même l'emplacement du couvent des Capucines qu'il ordonna qu'on transportat dans la rue Neuve des Petits-Champs où elles sont (1742) à présent.

En 1687 on démolit l'hôtel Vendôme, et sur cet emplacement on éleva des façades, ce qui aurait formé une place la plus grande et la plus magnifique qu'il y eût en Europe; elle aurait eu 86 toises de longueur sur 78 de largeur, en trois lignes de bâtiments, car le côté de la rue Saint-Honoré devait être tout ouvert afin de lui donner plus d'air et plus d'étendue. Il y aurait eu dans cette place un hôtel pour la Bibliothèque du Roi et pour toutes les Académies royales, l'hôtel de la Monaye, l'hôtel des Ambassadeurs extraordinaires, etc., etc. La mort de M. de Louvois, arrivée en 1691, fit discontinuer et même changer ce magnifique projet. On démolit les bâtiments qu'on y avait élevés et le Roi céda à la ville les matériaux et l'emplacement par sa déclaration du 7 avril 1699, et, par le contrat qui fut passé en conséquence le 8 mai suivant, la ville s'engagea à faire bâtir dans le Fbg. Saint-Antoine un hôtel pour la 2e compagnie des mousquetaires, et au quartier Saint-Honoré une place sur les nouveaux desseins (*sic*) qui en seraient donnés.

Jules Hardouin-Mansart ayant donné les desseins pour bâtir la nouvelle place, la ville vendit les places à plusieurs particuliers qui, s'étant enrichis dans les affaires, ont fait bâtir ici des hôtels plus convenables à leur fortune qu'à leur naissance et leur mérite; cette place qui a 75 toises de longueur sur 70 de largeur a deux avenues, l'une par la rue Saint-Honoré vis-à-vis le couvent des Feuillants, et l'autre par la rue des Petits-Champs vis-à-vis le couvent des Capucines; elle a la facture d'un octogone imparfait, quatre faces dont deux plus petites que les autres. ...

L'architecture qui règne au pourtour est d'ordre corinthien en pilastres avec des corps avancés, revêtues de colonnes au milieu de chaque face qui portent des frontons dans les timpans (*sic*) desquels on a placé les armes de France avec leurs accompagnements. Sur les entablements sont des figures assises. Sous ce grand ordre, il règne partout un stylobate ou piédestal continu et armé de refans (*sic*) dans lequel on a pratiqué pour chaque maison une porte en plein ceintre et dont la clef est couverte par un beau mascaron.

Les connaisseurs trouvent beaucoup à reprendre dans l'architecture de cette place, mais rien n'est plus choquant et de plus mauvais goût que d'avoir décoré les quatre angles rentrants par des avant-corps avancés revêtus de colonnes qui portent un fronton. Je ne crois pas que jamais un architecte s'avise d'imiter Jules Hardouin-Mansart dans cette manière de distribuer les décorations.

Les chapiteaux, les bandeaux des fenêtres et tous les ornements de sculpture ont été exécutés et conduits par *Jean-Baptiste Pouletier*, sculpteur de l'Académie royale, mort le 12 novembre 1719. »

F. de Guilhermy. — *Description archéologique des monuments de Paris*. Paris, Bauce, 1856.

Notre-Dame.

« ... On a, au dix-huitième siècle, enlevé une grande partie des œuvres d'art, statues, etc., qui décoraient le chœur ...l'ancien maître-autel avec ses colonnes de cuivre et ses châsses, tous les tombeaux du chœur.

... Commencée en 1699, interrompue à l'époque de nos revers, reprise en 1708, la nouvelle décoration du chœur de Notre-Dame fut terminée une année seulement avant la mort de Louis XIV. Nous en reconnaissons sans peine la grandeur et la magnificence, bien qu'elle nous ait coûté le sacrifice de tout ce que l'ancien chœur contenait de plus vénérable et de plus précieux. Robert de Cottes donna les dessins; Nicolas Coustou, Guillaume son frère et Coysevox sculptèrent en marbre la Descente de croix et les effigies agenouillées de Louis XIII et de Louis XIV; les huit anges de bronze, les uns en adoration aux angles de l'autel, les autres adossés aux piliers de l'abside furent modelés par Cayot, van Clève, Poirier, Hurtrelle, Nagnier et Anselme Flamen; Vassé fit les bas-reliefs de l'autel. *Poultier*, Fremin, le Pautre, le Moine, Bertrand et Thierry exécutèrent les douze vertus en bas-relief au-dessus des arcades modernisées du rond point.

... Le groupe de la descente de croix, six anges portant les insignes de la passion, toute la menuiserie des stalles et des chaires archiépiscopales, les grands tableaux à l'exception de trois sont encore en place. Les statues des deux rois font partie du musée de sculpture moderne au Louvre en attendant qu'ils puissent rentrer à Notre-Dame. *Les figures et les trophées qui décoraient les arcades absidales*[1] *n'existent plus*. Le maître-autel fut aussi détruit avec tous ses accessoires en 1793... l'autel actuel fut reconstruit en 1803... »

Inventaire des richesses d'art de la France.

Tome Ier. — *Monuments civils.*
Page 342. — *Colonne de la Grande Armée. — Place Vendôme.*

[1] C'était là où se trouvaient les deux bas-reliefs exécutés par Poultier, *la Charité* et *la Persévérance*.

« Histoire. — Louvois ayant conçu le dessein de placer dans un vaste édifice la bibliothèque du Roi fit acheter l'hôtel de Vendôme construit par les soins de Henri IV pour César de Vendôme, non loin de la porte Saint-Honoré. Cet hôtel fut démoli en 1685, ainsi que le couvent des Capucines qui était voisin, et le plan d'une place de soixante-dix-huit toises de largeur sur quatre-vingt-six de profondeur fut tracé. Mais, après la mort de Louvois, la ville de Paris se trouva mise en possession de la place dont les dimensions furent diminuées et la forme définitivement arrêtée en 1701. Jules Hardouin-Mansart dessina les façades d'ordre corinthien des édifices disposés sur un plan octogonal autour de la place. *Poultier*, sculpteur de l'Académie, dit Germain Brice (*Description de la Ville de Paris*, p. 186), conduisit *les chapiteaux* et *tous les ornements de sculpture*, de même que *les chambranles des fenêtres*. Peu auparavant, on avait solennellement inauguré la statue équestre de Louis XIV, œuvre de François Girardon, au lieu même où se trouve aujourd'hui la colonne de la Grande Armée, etc. »

Guiffrey. — *Collection des livrets des anciennes expositions depuis* 1673 *jusqu'en* 1800. — Paris, 1869.

Exposition de 1704.

Liste des tableaux et des ouvrages de sculpture exposés dans la grande galerie du Louvre par Messieurs les peintres et sculpteurs de l'Académie royale en la présente année 1704.

Page 41. — Trumeau sur l'eau.

...Dans l'embrazure de la croisée, au dessous, six morceaux de sculpture de M. *Poulletier*, académicien :

Un Christ en bronze sur sa croix

Adam et Eve tentez par le serpent.

Un joüeur de guitare.

Apollon et Daphné.

Une Venus.

Et Suzanne tentée par les deux vieillards.

(Mentionnés également par Bellier et Auvray.)

Description historique de l'église cathédrale de Notre-Dame d'Amiens, ornée de cinq planches, par A. P. M. Gilbert, membre de la Société royale des antiquaires de France. Amiens, Caron Vitet, 1833.

Pages 249 et suivantes.

« ...Sur les côtés de l'autel sont deux grandes statues en pierre de

Tonnerre, de $1^{m},94$ (6 pieds) de proportion : l'une, à droite, représente saint Firmin, martyr; l'autre, à gauche, saint François de Sales [1].

« Elles ont été exécutées en 1710 par Jean-Baptiste Poultier, sculpteur distingué, membre de l'Académie de sculpture de Paris, mort le 18 novembre 1719, auquel on doit les travaux d'embellissement de cette chapelle qui ont, dit-on, coûté en totalité la somme de 40,000 francs : enfin l'ensemble du couronnement du retable d'autel répond à la richesse des colonnes et des soubassements. »

Chapitre de la cathédrale d'Amiens.
Marché pour la construction de la chapelle saint Jean, le 2 *may* 1709.

Devis des ouvrages de maçonnerie et de marbre par incrustation, sculpture en pierre de Tonnerre, en cuivre, métal et bois, qu'il convient faire pour la construction d'un retable d'autel pour la chapelle de Saint-Jean dans l'église cathédralle d'Amiens, suivant et conformément au dessein agréé par Monseigneur l'Evesque, Messieurs du chapitre et Messieurs de l'Hostel de ville sous la conduite de Monsieur Appenor architecte.

Maçonnerie...

Marbre...

Sculptures.

Sera fait deux figures chacune d'un seul bloc de pierre de Tonnerre, portant six pieds d'auteur (*sic*) y compris la plainte (*sic*) l'une représentant saint Firmin et l'autre saint François de Salles.

Tous lesquels ouvrages mentionnez dans le présent devis comme maçonnerie, marbrerie, sculpture en pierre, en cuivre doré d'or moulu en métail de plomb et estain doré d'or bruny en bois de chesne aussy doré d'or bruni, seront bien et duement faits et parfaits suivant l'art de chacun en particulier pour estre vus et visittés par gens experts à ce connoissants.

Les entrepreneurs fourniront tous les matteraux énoncez cy dessus, peines d'ouvriers, cordages, équipages et voitures, toutes les agrafes et ferremens nécessaires pour la solide construction dudit ouvrage, rendront lesdits ouvrages faits et parfaits et place nette au quinzième juin 1710 à peine...

Aujourd'hui sont comparus devant les no^res^ à Paris soussignés, M. Maximilien Pilleux, prestre chanoine de l'église cathédrale d'Amiens y demeurant ordinairement estant de présent en cette ville logé rue Saint-

[1] Il y a là une erreur d'indication, ou alors c'est que depuis 1833 les statues ont été changées de place ; le saint Firmin actuellement est à gauche, l'autre à droite.

Martin au pressoir d'or au nom et comme fondé de pouvoir spécial de Monseigneur l'Evesque d'Amiens de Mr Le Seillier prestre doyen chanoine de lad. Eglise cathédralle et abbé de Forestmontier et de Mons. Dufresne consᵉʳ au baillage et siège présidial d'Amiens et maire de la ville suivant leur écrit sous signature privée du dix avril dernier demeuré joint à la minute des présentes après avoir esté dud. sr Pilleux certifié véritable en présence des norᵉˢ, d'une part sr *Jean Baptiste Poulletier,* sculpteur ordʳᵉ du Roy en son accadémie Royalle demeurant rue de Clery paroisse St Laurent, et sr Pierre Malleroi mᵉ marbrier a Paris, y demeurant faubourg Saint-Denis paroisse Saint-Laurent d'autre part, lesquels ont fait entr'eux le présent marché c'est à scavoir que lesd. sʳˢ *Poulletier* et *Malleroi* ont promis et se sont obligés solidairement l'un pour l'autre un d'eux seul pour le tout sous ces renonciations requises envers mondit Seigneur l'Evesque, Doyen et Maire, de lad. ville d'Amiens de faire et parfaire tous ces ouvrages sans exception, mentionnez au devis des autres parties et de les rendre parfaits et place nette dans le quinzième juin dix sept cent dix, le tout sous la conduitte du sieur Oppenor, architecte, si bon semble aud. Seigneur Evesque et pour cet effet fourniront tous les matériaux énoncez audit devis, munis d'ouvriers, cordages, équipages, voitures, agrafes et ferrements nécessaires et se transporteront eux-mêmes sur les lieux pour y poser leurs ouvrages pour la façon desquels ils se conformeront aux plans, dessins, profils et élévations au nombre des quatre pièces qui sont demeurés ès mains desdits entrepreneurs après avoir estés des parties signées en présence des notaires soussignés et se conformeront aussy audit devis attendu le changement fait aux pieds des taux des figures qui, de carrés qu'ils étoient marqués dans ledit devis seront faits en plain ceintres et à la devanture de l'autel qui sera fait en tombeau de la longueur de huit pieds orné comme il est marqué au dit devis... Le présent marché fait en bloc moyennant la somme des *dix neuf mille livres* payables auxdits entrepreneurs en deniers comptants et non en billets de monnoye sur laquelle somme ledit Filleuse audit nom de procureur promet faire payer auxdits entrepreneurs en cette ville de Paris la somme de trois mille livres dans le seizième juin prochain préfixe et le surplus en différents payement au fur et à mesure de la perfection desdits ouvrages à l'exception de la somme de sept mille livres qui ne seront payés aux entrepreneurs qu'après entier parachèvement des ouvrages et la réception faite d'iceux... Comme aussi a esté convenu qu'au cas qu'il plaise à mond. sr l'Evesque et aussi sʳˢ du chapitre et de la ville d'Amiens de faire faire les ouvrages de pavé de marbre marqués dans ces plans et devis, ils seront tenus de faire faire ces ouvrages par lesd. entrepreneurs qui dès à présent s'obligent solidairement de faire et poser iceux moyennant la somme de huit cent livres outre le prix dudit bloc car ainsy... scavoir led. s[r] Filleuse aud. nom en la maison du s[r] Revilois marchand à la croix de fer... de Paris et lesdits entrepreneurs en leurs demeures susdits aux quels lieux, nonobstant promettant obligeant renonçant. Fait et passé à Paris en l'étude ce deuxième may mil sept cent neuf au ammidy et ont signé la minute des présentes demeures à Pouy, no[re].

Signé : Delafosse.
Pouy.
avec parafes.

Nouveau choix de pièces tirées des anciens Mercures et des autres journaux par M. Marmontel, tome XVII, Paris, Rollin et autres, 2e année, tome V.

(Sans date, mais les pièces précédentes portent la date de février 1718.)

Page 70. — *Lettre sur les plus belles statues du jardin de Versailles.*

« Elle est de Poultier, sculpteur ordinaire du roi; il l'adressa à un de ses amis qui lui avait demandé un détail par écrit de ce qui s'était passé dans une promenade qu'ils avaient faite ensemble à Versailles.

Poultier parle d'abord de Puget dont il fait la biographie ; il mentionne et décrit avec les plus grands éloges son groupe de *Milon de Crotone* dans le salon royal, qui le dispute, dit-il, avec la fameuse pièce de l'antiquité le *Laocoon;* il mentionne également le groupe de *Persée et Andromède.*

Puis, deux inconnus les abordent. . . . . .

Nous transcrivons ici la suite de la lettre de Poultier :

« ...L'un d'eux dit : Monsieur, vous avez parlé des ouvrages de M. Puget d'une manière si juste et si avantageuse qu'il faut que vous soyez non seulement un maître de l'art, mais encore un parfait honnête homme, mais faites-moi l'amitié de me dire ce que vous pensez (je ne dis pas de toutes les figures qui sont ici, car je crois que vous pensez comme moi que ce sont la plupart des antiques mal copiées), mais de celle de la Fourberie qui est de feu M. le comte de Boullongne. Je la trouve très belle, lui répondis-je, et digne de celui qui l'a faite...

En continuant notre chemin, nous aperçûmes une figure de Didon. Approchons-nous de celle-ci, elle me paraît belle. De qui est-elle? De M. Poultier, répondit l'inconnu. J'étais à Versailles lorsqu'il la plaça, il y a environ vingt-huit ans. A ces mots, vous sourites, mais l'inconnu qui ne me reconnut point, continua de la sorte : Je me ressouviens que cette figure eut alors l'approbation de tous ceux qui la virent; on en trouvait l'attitude noble et digne d'une Reine; on louait le beau désordre qui règne en toute sa personne, et, si j'ose vous en dire davantage, je vous avouerai que je trouve le tout merveilleux (!), et que je ne veux point de mal à Virgile d'avoir fait un anachronisme de quelques siècles pour fournir un si beau sujet à l'auteur de cet ouvrage qui répond parfaitement à l'idée que le poète nous en donne. En effet, messieurs, sans faire le connaisseur, qu'il me soit permis de vous faire remarquer cette belle passion, le trouble et l'agitation répandus sur le visage de Didon, cette main qui déchire ses vêtements et qui découvre la plus belle gorge du monde; cette attitude du bras dont elle tient l'épée d'Enée, de laquelle elle est prête à se frapper : l'amour, le dépit, la rage la conduisent. Que j'aime le désordre de cette draperie! Qu'il donne de majesté à la figure! Mais ce que je ne puis assez admirer, c'est l'adresse du sculpteur d'avoir placé là le corselet d'Enée. Il semble que cet objet redouble la fureur de Didon; tous les mouvements qui déchiraient son cœur lorsqu'elle se tua, vous les voyez dans ses yeux, et toute femme qui voudra se tuer dans les règles doit venir étudier cette figure. Ma foi, interrompit celui des inconnus qui n'avait pas encore parlé, les femmes ne sont plus si sottes, la perte de vingt amans et d'autant de maris ne leur coûte pas même de larmes ou ne leur en coûte que de feintes. Je remerciai l'autre inconnu des louanges flatteuses qu'il m'avait données sans me connaître... »

Ils font ensuite quelques tours d'allées.

... « Nous tournâmes du côté du Château en passant près du fer à cheval à gauche de la palissade. Nous aperçumes une foule de gens assemblés autour du terme de *Cérès*. Écoutons un peu, vous dis-je, ce qu'on pense de cette figure. Il est tard, me répondites-vous, ne nous attardons point, il doit vous suffire de l'avoir faite et que vous importe qu'on la loue ou qu'on la blâme à présent puisque le feu roi l'a admirée. Il est vrai, vous repartis-je, que Sa Majesté eut la bonté d'en paraître satisfaite lorsque je la posai et qu'elle se récria par plusieurs reprises : Voilà une belle femme; il est rare d'en trouver de semblables. Il est vrai encore que le roi me témoigna encore sa satisfaction par une gratification proportionnée au mérite qu'il trouvait dans mon ouvrage, mais j'avoue que je serais bien aise d'entendre le sentiment de ces personnes. Si ce sont des ignorants nous nous en divertirons, si ce sont des connaisseurs je profiterai de leurs lumières, l'amour-propre n'est point mon faible (!) et je ne cherche qu'à m'instruire... Un gros homme se démenait et criait que la figure était détestable, qu'à la vérité la tête et les bras étaient assez jolis, mais qu'il fallait être fou pour emboîter les jambes d'une femme dans une caisse... ...Je suis payé de ma curiosité, vous dis-je en riant, et je n'ai que ce que je mérite. Allons nous dédommager auprès du bassin d'Apollon ; voilà ce qu'on peut appeler une figure admirable, de Gaspard de Marcy, de Cambrai. »

Vient alors une appréciation flatteuse du groupe. Les promeneurs examinent ensuite la *Vénus* de Marcy, dénigrent Regnaudin au profit de Girardon, et terminent par les *Tritons* de Marcy sur les dessins de Le Brun ; la lettre se termine ainsi :

« Insensiblament, nous nous trouvâmes hors du château, nous montâmes en carosse et nous revînmes à Paris. »

Estampes d'après des sculptures de Poultier.

A la Bibliothèque nationale, département des Estampes.

L'abbé Faultrier.

Portrait dans un médaillon ovale suspendu par une banderole, posé sur un socle et entouré d'attributs.

Le personnage, en costume ecclésiastique de ville, la tête couverte d'une perruque demi-longue, frisée principalement sur le front; la figure est fine, vue de profil. A gauche, une mappemonde, des livres, un encrier; à droite, une main de justice, un sceptre, des balances, un glaive, un plan de fortifications et un bouclier. Armes au bas, entourées de feuilles de laurier et surmontées de la mitre et de la crosse. H. 0m,146. — L. 0m,096.

Figure bien modelée, d'une grande correction et d'un certain caractère.

Sur la tablette du socle :

Catalogus.
Librorum.
Bibliothecae.
D. JOACHIM, J. FAULTRIER.
Abbatis B. Virginis Arduennensis.
*Et S*ti* Lupi Tricassini.*
Præfecti Hannoniæ, etc.

En bordure : *Poultier sculp. in marmore. — B. Picart delineavit* 1709.

Ce médaillon a dû être ciselé pour être placé au-dessus de la bibliothèque du personnage représenté.

Didon.

Pièce à claire-voie, au trait.

Statue en pied.

La reine est représentée debout sur le bûcher, la tête droite, les yeux levés au ciel, portant la couronne, les épaules nues, les seins à demi découverts; de sa main droite posée sur son cœur elle retient les plis de sa robe et de l'autre porte un glaive retenu au-dessous de la poignée; sa robe est recouverte d'un manteau avec bordure ornée. H. 0m,095. — L. 0m,035.

L'attitude est fière, la figure énergique et l'ensemble d'une grande allure.

En bordure :

Charpentier del.

En haut : pl. 71.

Cérès.

Même genre et mêmes dimensions.

Statue en buste, se terminant par une gaine et formant terme.

La déesse, la tête nue ornée de fleurs des champs entrelacées dans les cheveux, le cou découvert, tient à son bras gauche une gerbe de blé parsemée de fleurs champêtres, l'autre bras posé devant la poitrine.

Composition bien comprise, de caractère large.

En bordure : *Saudmann sc.*

En haut, p. 198 du vol.

Recueil du dix-huitième siècle intitulé : *Statues de Versailles* avec table en français, en latin, en italien et en allemand.

Gravures de *Thomassin*, La Haye, 1724, pet. in-4°.

N° 113. — *Didon reine de Carthage.* H. 0m,131. — L. 0m,82.

A la marge : *I. Bap. Pouletier, sculp.* — *S. Thomassin fecit.*

N° 168. — *Groupe d'enfants.*

Poultier sculp. — *S. Thomassin fecit.*

A la table : *groupe d'enfants de bronze à l'arc fait par Jean-Baptiste Pouletier.*

N° 200. — *Cérès.*

Pouletier sculp. — *S. Thomassin fecit.*

A la table : *Cerès, therme de marbre, fait par Jean-Baptiste Pouletier.*

N° 217. — *Vase de marbre.*

I. Bap. Pouletier sculp. — *S. Thomassin fecit.*

A la table : *Vase de marbre avec fleurs de lys fait par Jean-Baptiste Pouletier.*

BIBLIOTHÈQUE NATIONALE R.F. IMPRIMÉS

PARIS. TYPOGRAPHIE DE E. PLON, NOURRIT ET Cie, 8, RUE GARANCIÈRE. — 2909.

www.ingramcontent.com/pod-product-compliance
Lightning Source LLC
LaVergne TN
LVHW010005230826
846092LV00002B/650

* 9 7 8 2 0 1 9 9 6 1 2 7 5 *